湖南省 2017 年知识产权战略实施专项项目"植物新品种权人才培养实践"
（项目编号 2018R009P）最终成果

ZHIWU

XINPINZHONGQUAN

FALÜ

JICHU

植物新品种权
法律基础

胡潇潇　著

知识产权出版社

全国百佳图书出版单位

图书在版编目（CIP）数据

植物新品种权法律基础/胡潇潇著. —北京：知识产权出版社，2018.10（2024.7重印）

ISBN 978 - 7 - 5130 - 5854 - 4

Ⅰ.①植… Ⅱ.①胡… Ⅲ.①植物—品种—知识产权保护—世界—高等学校—教材 Ⅳ.①D913.4

中国版本图书馆 CIP 数据核字（2018）第 216721 号

责任编辑：刘 睿 邓 莹　　　　　　　责任校对：王 岩

封面设计：SUN 工作室　　　　　　　　责任印制：刘译文

植物新品种权法律基础

胡潇潇　著

出版发行：	知识产权出版社 有限责任公司	网　　址：	http：//www.ipph.cn
社　　址：	北京市海淀区气象路 50 号院	邮　　编：	100081
责编电话：	010 - 82000860 转 8346	责编邮箱：	dengying@ cnipr.com
发行电话：	010 - 82000860 转 8101/8102	发行传真：	010 - 82000893/82005070/82000270
印　　刷：	北京虎彩文化传播有限公司	经　　销：	各大网上书店、新华书店及相关专业书店
开　　本：	720mm×1000mm　1/16	印　　张：	13
版　　次：	2018 年 10 月第 1 版	印　　次：	2024 年 7 月第 3 次印刷
字　　数：	200 千字	定　　价：	46.00 元

ISBN 978 -7 -5130 -5854 -4

前　言

植物新品种权法律保护对鼓励培育和使用植物新品种，促进农业、林业发展以及生态文明建设等方面发挥着越来越重要的作用。植物新品种权保护的法律法规在我国法律体系中也占据着越来越重要的地位。然而，我国目前尚无针对在校大学生的有关植物新品种法律保护的教材，本书作为高等学校法学教材而撰写。

本书全面、系统介绍植物新品种权的相关法律理论、我国现行法律制度及国际法制发展，在架构上分为五大部分。第一部分是导论，本部分系统阐述植物新品种保护的基本理论，对植物新品种保护的意义、起源与发展、保护模式及植物新品种权的概念、属性、特征等作出介绍、界定和分析。第二部分主要包括第二章、第三章和第四章，本部分系统介绍植物新品种权的主体、申请条件和获得程序。第三部分主要包括第五章、第六章、第七章和第八章，本部分介绍植物新品种权的权利内容、权利期限、权利利用和权利限制。第四部分是第九章，本部分介绍植物新品种侵权及其法律责任、我国现行植物新品种法律保护制度及其特色。第五部分是第十章，本部分介绍与植物新品种保护有关的国际公约，揭示国际植物新品种保护发展趋势及对我国的影响。

本书吸收了截至 2018 年 6 月国内外植物新品种保护立法的最新成果，引用资料力争新颖、翔实，在介绍基本理论时尽量结合现实问题予以说明，引证典型案例时尽量从理论上进行归纳、总结和阐述，方便读者学习和领悟。本书不仅可以作为高等学校法学教材，也可作为科研人员、企事业管理人员、法律从业人员以及其他感兴趣的读者系统了解植物新品种权法律制度的参考书。

研究生胡芬、魏云龙、张领协助收集资料、整理文稿、处理文字，在此铭记，以为谢意。还要感谢湖南省 2017 年知识产权战略实施专项项目给予的资助。

著者水平有限，书中定有不当或错误之处，希望读者不吝赐教，以便改进。

目　录

第一章

导　论

本章知识结构

```
                                    ┌ 植物新品种
                                    │                    ┌ 概念
                                    │         植物新品种权 ┤ 属性
                                    │                    └ 特征
       植物新品种与植物新品种权 ┤
                                    │                              ┌ 客体不同
                                    │                              │ 授权条件不同
                                    └ 植物新品种权与专利权的区别 ┤
                                                                   │ 保护对象不同
                                                                   └ 提交的材料不同
  ┤
                                                            ┌ 推动世界种业发展
                         ┌ 植物新品种权法律保护的意义 ┤
                         │                                  └ 促进生物多样性
                         │                              ┌ 植物新品种法律保护的背景
       植物新品种权法律制度 ┤ 植物新品种权制度的产生 ┤
                         │                              └ 植物新品种权制度的形成
                         │                              ┌ UPOV 公约的变化
                         └ 植物新品种权制度的发展 ┤
                                                       └ 植物新品种保护的立法模式

                                           ┌ 我国植物新品种法律保护的起源
       我国植物新品种权制度的起源与发展 ┤
                                           └ 我国植物新品种权制度的产生与发展
```

第一节　植物新品种与植物新品种权

一、植物新品种

植物新品种属于法学范畴，与植物分类学上的"种"以及作物栽培学上的"品种"有所不同。植物分类学上的"种"以植物的生物学特征为基础，客观地还原植物本身的生物面貌，并在植物整体中找到准确的定位，不考虑人类的主观因素。而农林业中植物"品种"是以"种"为基础，是人类在一定的生态和经济条件下，根据需要选育的某种作物的某种群体。[1]该种群体是人工育种的产物，归属于一定的种或亚种，具有相对稳定的遗传特性，在生物学、形态学及经济性状上有相对一致性，与同一作物的其他群体在特征、特性上有所区别，在相应地区和耕作条件下种植，在产量、抗性等方面符合生产发展的需要。因此，农林业中的"品种"是以农艺性状为根据对植物进行的种类划分，包含了人工劳动与价值的因素。国际植物新品种保护联盟（Union Internantionalepour la Protection des Otentions Vegetales，UPOV）1991 年公约文本从法律上对"品种"作出科学、严谨且权威的界定，其第 1 条（vi）规定："'品种'系指已知植物最低分类单元中单一的植物群，不论授予育种者权利的条件是否充分满足，该植物群可以是：以某一特定基因型或基因型组合表达的特征来确定；至少表现出上述一种特性，以区别于任何其他植物群；并且作为一个分类单元其适用性经过繁殖不发生变化。"根据 UPOV 公约 1991 年文本的相关解释文件，以上界定应作如下理解。

第一，"品种"是一个植物群。"品种"作为一个植物群体具有完全相同的生物学特征，性状相同整齐，所以"品种"不能由多个种的植物构

---

[1] 潘家驹. 作物育种学总论 [M]. 北京：中国农业出版社，1994：2.

成，某种性状、某一单株（如果该单株或部分植株可用来繁殖品种，那么该单株或部分植株可代表现有品种）、某种化学或其他物质和某种育种技术都不能称为"品种"。

第二，由"不论授予育种者权利的条件是否充分满足"可知，"品种"比"可受保护的品种"定义宽泛。"品种"的界定在特异性审查中具有重要作用，UPOV 公约 1991 年文本第 7 条规定："提交申请之时，与其他已知品种有明显区别的品种应视为具有特异性"。"不论授予育种者权利的条件是否充分满足"这一表述表明，不受保护的已知品种仍符合"品种"的定义，而"申请品种"必须与已知品种具有明显区别。

第三，"以某一特定基因型或基因型组合表达的特征来确定"，"基因型组合"包括综合品种或杂交品种等，体现了性状的"一致性"（Uniformity）要求。当某一性状是由植物的特定基因型或基因型组合决定的，这一性状就是相对稳定的，只要该基因型或基因型组合不发生变化，由其决定的性状也不会发生变化。对于该品种群体来说，每个个体具有相同的性状，经过繁殖，其性状也保持一致，即具有一致性。

第四，"至少表现出上述一种特性，以区别于任何其他植物群"体现了"特异性"（Distinctness）的要求。在某一植物群体的各个个体都能保持一致的那些生物学特性中（可能只有一种生物学特性一致，也可能同时有多个生物学特性在不同的个体之间保持一致），至少应该有一种生物学特性是这一群体所特有的，是与其他植物群体不同的，人们能够凭借这一特有的生物学特性把这一群体与其他植物群体区别开来。

第五，"作为一个分类单元其适用性经过繁殖不发生变化"说明"品种"属于一个分类单元，且具有"稳定性"（Stability）。❶"品种"是植物分类学中最小的分类单元，是在种或亚种之下的分类单位。一个"种"下可能包括多个品种，或者一个"种"下包括多个"亚种"，每个"亚种"

---

❶ 张劲柏，侯仰坤，龚先友. 种业知识产权保护研究 [M]. 北京：中国农业科学技术出版社，2009：40.

下又包括多个"品种"。一个品种所特有的生物学特性经过反复繁殖后，该生物学特性能保持稳定遗传，不发生变化，即具有稳定性。

农林业实务中品种的概念和 UPOV 公约中品种的概念相比较，两者的相同之处在于：品种是最小的植物分类单元，是一个植物群体，具有一致性、特异性和稳定性。不同之处在于：在农林业中，品种除了要具备以上生物学特性之外，还要具备经济上的特性，能符合生产发展的需要；而 UPOV 公约对品种没有经济上的要求，只要符合其定义，即使不能带来经济效益，也是"品种"，这是法律与农业或林业在基本概念上的差异。特异性（distinctness）、一致性（uniformity）和稳定性（stability）是"品种"应当满足的三个基本要求，简称为 DUS 三性要求。"品种"是"植物新品种"（或"可受保护的品种"）的上位概念，其内涵与外延更加广泛。法律上，"品种"是"植物新品种"的判定基础，实务中，"品种"广泛应用于农林业生产，加之不同时期不同国家的农林业发展水平差距很大，判定一个"品种"成立与否也就不能完全按照UPOV 公约设定的条件来进行。因此，UPOV 公约中定义的"品种"是与"植物新品种"相对应的概念。

不同国家不同时期对"植物新品种"的认识有所不同，如《法国植物新品种保护法》（1970 年）对植物新品种的定义为：无论其是培育产生的还是发现的，它们应当与已知的相同品种在某一重要的精确的并且能够产生细微变化的特征方面存在差异，或者在数个能够组合成新的品种的特征方面存在差异；在性质上属于同一物种，并且具有稳定性，即它们在每一个繁殖周期结束时都与其原始的轮廓相同。❶ 该条款只包含了特异性和稳定性两个条件，与 UPOV 公约的规定有一定差距。现在《法国植物新品种保护法》已符合 UPOV 公约的要求，对植物新品种进行特异性、一致性和稳定性的测试。《意大利保护植物新品种准则》（1985 年）对植物新品种定义为：就其有性繁殖和无性繁殖的特定方面来说，它必须是充分一致

---

❶ 中国农业部植物新品种保护办公室. 植物新品种保护基础知识 [M]. 北京：蓝天出版社，1999：12.

的；在其基本特征方面它必须是稳定的，即在反复繁殖或繁育后，以及育种者在限定了繁殖或繁育周期时，在每一个周期终止后，它必须与说明书保持一致；不论该品种是来源于原始的、人工的或天然的，它必须在申请保护之时，以一个或多个重要特征显著区别于公知存在的其他植物品种；在申请专利时，经育种者或其合法继承人同意的有关植物品种的商业行为，在意大利必须没有超过 1 年，或者在藤本植物、树木、果树和装饰树以及它们的根茎的情况下，必须没有超过 6 年，或者在任何其他国家境域必须没有超过 4 年等。❶ 该条款包含了一致性、稳定性、特异性和新颖性的要求，与 UPOV 公约设定的标准比较接近。另外，意大利通过专利制度对植物新品种进行保护，授予育种者专利权而不是植物新品种权。

　　UPOV 公约 1978 年文本没有对"品种"和"植物新品种"下明确的定义，但是提出了育种者就一个品种"享受保护"应满足的 5 项要求。UPOV 公约 1978 年文本第 6 条第（1）款规定："（a）不论原始变种的起源是人工的，还是自然的，在申请保护时，该品种应具有一个或数个明显的特性有别于已知的任何其他品种……（b）（Ⅰ）该品种尚未经育种者同意在该国领土内提供出售或在市场销售，若该国法律另行规定，则不能超过一年，（Ⅱ）藤本、林木、果树和观赏植物的品种，包括其根茎，经育种者同意在任何其他国家提供出售或已在市场销售不超过六年，或所有其他植物不超过四年……（c）就该品种的有性或无性繁殖特性而言，必须是充分均质或一致的。（d）该品种的基本特性必须是稳定的……（e）该品种应按第十三条的规定命名。"该条款明确规定获得植物新品种权应满足特异性、一致性、稳定性、新颖性和适当命名 5 项要求，这也是判定植物新品种成立的 5 个要件。UPOV 公约 1991 年文本在对"品种"作出明确定义的基础上，进一步设定了授予植物新品种权应满足的 5 个条件。UPOV 公约 1991 年文本第 6 条第（1）款规定："一个品种应被认为具有新颖性，

---

❶ 中国农业部植物新品种保护办公室. 植物新品种保护基础知识 ［M］. 北京：蓝天出版社，1999：13.

如果在育种者权利申请书提交之日，该品种的繁殖或收获材料尚未因利用该品种之目的被育种者本人或经其同意出售或转让他人……"第 7 条规定："如果一个品种在申请书登记之时显然有别于已知的任何其他品种，则这个品种应被认为是特异的……"第 8 条规定："一个品种从其繁殖的特点预期可能出现变异的情况下，如果其有关特性表现足够的整齐一致，则该品种应被认为具有一致性。"第 9 条规定："如果一个品种经过反复繁殖其有关特性保持不变，或者在特定繁殖周期的每个周期末尾其有关特性保持不变，则该品种就应认为是稳定的。"另外，该文本对植物新品种命名也作出了相应要求。两个文本都对授予植物新品种权应满足的 5 个条件作出规定，没有实质内容的差异。需注意的是，关于破坏新颖性的行为，1978 年文本的规定着重于申请日前对品种未经育种者同意的销售行为，1991 年文本规定的行为更广，包括销售行为和转让行为，行为对象包括繁殖材料和收获材料。

我国于 1999 年 4 月加入 UPOV，适用 1978 年公约文本，关于植物新品种的概念也以该文本为基础。我国《植物新品种保护条例》第 2 条规定："植物新品种，是指经过人工培育的或者对发现的野生植物加以开发，具备新颖性、特异性、一致性和稳定性并有适当命名的植物品种。"由此可见，我国《植物新品种保护条例》所列明的概念与 UPOV 公约文本所陈述的"植物新品种"含义一致。植物新品种是由人工培育的或对野生植物加以开发得来的，是育种者的智力成果，具有"知识属性"，属于"知识产品"，育种者对植物新品种所享有的权利则是"知识产权"。

二、植物新品种权的概念、属性与特征

（一）植物新品种权的概念

TRIPs 协定第一次明确规定各国应当制定一定的制度来对植物新品种进行保护，第 27 条第 3（b）款规定："各成员应规定通过专利或一种有效的特殊制度或通过这两者的组合来保护植物新品种。"但是 TRIPs 协定并没有对"有效的特殊制度"作出明确解释，"有效的特殊制度"可以理解

为类似于专利制度并替代专利制度为植物新品种提供保护的专门制度。我国的植物新品种权制度便是这样一种"有效的特殊制度"，在植物领域为保护育种者权利而建立，是以《植物新品种保护条例》为主，以《种子法》和其他相关法律法规为补充的一系列专门制度的总称。

植物新品种权（The New Plant Variety Right），又称品种权。广义上的植物新品种权，是指育种者对植物新品种的生产方法及植物新品种所享有的独占性的权利。❶ 狭义上的植物新品种权，是指育种者对植物新品种依法享有的专有权。所以，植物新品种权实质上是"育种者权"。UPOV公约1978年文本将这一权利规定为育种者"受保护的权利"，并作出详细说明："授予育种者权利的作用是在对受保护品种的诸如有性或无性繁殖材料之类的进行下列处理时，应事先征得育种者同意：以商业销售为目的之生产；提供出售；市场销售。……若为另一品种的商业生产重复使用该品种时，则必须征得育种者同意。"UPOV公约1991年文本在"育种者权利"一章规定："除第15条和第16条另有规定，涉及受保护品种繁殖材料的下列活动需要育种者授权：（i）生产或繁殖；（ii）为繁殖而进行的种子处理；（iii）提供销售；（iv）售出或其他市场销售；（v）出口；（vi）进口；（vii）用于上述目的（i）至（vi）的原种制作……涉及由未经授权使用受保护品种的繁殖材料而获得的收获材料，包括整株和植株部分时，应得到育种者授权……"从以上规定可知，1978年文本只对繁殖材料进行保护，1991年文本对繁殖材料和收获材料进行保护，两个文本保护的都是植物新品种本身，并未提及植物新品种的育种方法。且各国通行做法是对育种方法进行专利保护、对植物新品种进行专门保护或者对育种方法和植物新品种都进行专利保护。因此，我们所称的植物新品种权一般是指其狭义概念，即以植物新品种为客体，育种者对其享有的权利。1978年文本规定了育种者享有销售权、生产权和重复使用权，1991年文本规定育种者享有更广泛的权利，包括生产权、销售权、进口权、出口权

---

❶ 吴汉东. 知识产权基本问题研究［M］. 北京：中国人民大学出版社，2009：564.

等。由于我国加入的是 1978 年文本，结合我国新品种产业发展的实际情况，我国《植物新品种保护条例》仅规定育种者对植物新品种享有生产权、销售权和重复使用权，具体规定为："完成育种的单位或个人对其授权的品种享有排他的独占权；任何单位或个人未经品种权人许可，不得为商业目的生产或销售该授权品种的繁殖材料，不得为商业目的将该授权品种的繁殖材料重复使用于生产另一品种的繁殖材料。"

知识产权是人们对于自己的智力活动创造的成果和经营管理活动中的标记、信誉等依法享有的权利。知识产权的具体形式包括：著作权、商标权、专利权、植物新品种权、地理标志权、商业秘密权、商号权、域名权、集成电路布图设计权等。植物新品种权作为知识产权的一种保护形式，与其他知识产权一样具有以下属性与特征。

（二）植物新品种权的属性

从基本属性上来说，知识产权属于私权与无形财产权，品种权作为一种知识产权，具有同样的基本属性。

1. 私权性

TRIPs 协定的序言中宣示"知识产权为私权"，强调知识财产私有的法律性质。将知识产权归类于民事权利范畴也是以权利本体的私权性为基本依据。从"关系说"来看，知识产权的主体是民事法律关系上处于平等地位的人；从"法律说"来看，知识产权是私法所确定的权利；从"利益说"来看，知识产权是私人利益方面的权利，即是确定个人利益的权利，与公共利益相对。❶ 因此，知识产权属于民事权利体系，其产生、行使和保护均适用民法的基本原则和规则。

植物新品种权属于知识产权，同样具有私权属性。首先，它是育种者的权利，反映育种者的人格与财产利益，属于"私人利益的权利"；其次，它调节的是品种权人与相对人之间的关系，属于"平等主体之间的权利"；最后，植物新品种权属于民事权利，受民法体系的调

---

❶ 吴汉东. 知识产权法［M］. 北京：法律出版社，2013：7.

节和规范，满足"私法上的权利"。

2. 无形性

知识产权的客体是智力成果、经营性标记等，是产生于精神领域的非物质化财产。知识产权的无形性体现在：（1）无法对知识产品进行有形控制的占有，通过合法转让或许可，知识产品可以同时被多个主体占有和使用；（2）知识产品不因使用而发生实物形态的损耗，如果知识产品被无权使用人擅自使用，也无法适用"恢复原状"的民事责任形式；（3）作为权利客体的知识产品不发生消灭，它会随着法定保护期间届满由专有财产转变成社会公共财富。

植物新品种作为品种权的客体，是人类的智力成果，无法被有形地感知和控制，通过转让或许可，品种权可以被多个主体使用。当品种权受到侵害，品种权人也只能得到"适当补偿"而无法要求侵权人"恢复原状"。植物新品种作为品种权的客体不因他人侵权而消灭，我国《植物新品种保护条例》对品种权规定了相应的保护期限，当期限届满，品种权人的专有权利灭失，植物新品种变成社会公共财富。

（三）植物新品种权的特征

知识产权的基本特征可以概括为专有性、时间性和地域性，植物新品种权同样如此。

1. 专有性

知识产权是一种专有权。专有性，又称排他性或垄断性。多数学者将无形财产权概称为垄断权或独占权，如日本学者小岛庸和认为，无形财产权与所有权不同，是一种"全新的特殊权利"，它可以分为"独占权"和"禁止权"。前者是指排他地、独占地支配其客体的权利，该类权利主要有著作权、专利权、商标权、商号权、植物新品种权和电路布图设计权等；后者指对违反不正当竞争义务进行制裁的禁止权，该类权利主要涉及商业秘密权、商品形象权和商誉权等。❶ 前述"独占"和"禁止"可以理解为

---

❶ 吴汉东. 关于知识产权本体、主体与客体的重新认识——以财产所有权为比较研究对象 [J]. 法学评论, 2000（5）.

"垄断"的形式。这种垄断性的权利受法律保护，目的在于保护知识产权权利人的利益，激发创造动力与市场活力，属于"合法垄断"，同时，法律对知识产权的权利范围、期限等都有明确的规定，所以，这种垄断也是"有限垄断"。另外，知识产权的垄断性也会引起权利人利益与市场竞争力以及社会公共利益之间的矛盾，如何协调这种矛盾也成为各国法律必须面对的问题。

知识产权的专有性主要表现在：（1）知识财产由权利人独占，在法律没有规定或未经权利人许可的情况下，任何人不得使用权利人的知识产品。（2）在同一项知识产品上，只能授予一项知识产权，不允许存在两个或两个以上同一属性的知识产权。

植物新品种权作为一种知识产权，也有其专有性。首先，品种权人独占享有植物新品种，在法律没有规定或未经品种权人许可的情况下，任何人擅自使用该项品种权都将被追究侵权责任；其次，品种权是唯一的，一个植物新品种只能授予一项品种权，两个或两个以上申请人就同一植物新品种申请授权的，按照"先申请原则"，授权给先提出申请的人，同日提出申请的，授权给先完成育种的人。

2. 时间性

知识产权与物权所有权不同。物权所有权是一项永续性的权利，不受时间限制，只要权利的物质载体不消亡，所有权就永续存在并且受法律保护，如果权利的物质载体发生毁损或灭失，那么依附其上的所有权也随之灭失。当所有权的消灭时效或取得时效发生效力时，只有权利主体会发生变更，权利本身不会改变，财产作为所有权客体的地位也不会改变。知识产权的时间性与债权、他物权的时间性也有所不同。"债"是债权人与债务人之间相互的权利义务关系，当债务得以履行或清偿，"债"就随之消灭，因此，债权不是永续性的，也无法通过法律规定特定的债权期限。他物权的时间性体现在两个方面：首先，他物权（如地役权、担保物权等）的设立必须以物权所有权的存在为前提，当物权所有权消灭，他物权也随之消灭；其次，他物权在特定主体之间设立，存续时间由特定主体自行约定。

知识产权的时间性是指权利人对其知识产品所享有的专有权只在法律规定的期限内受保护，保护期限届满之后，该项知识产权进入公共领域，知识产品由专有财产转变成社会公共财富。前文已提到，知识产权的专有性是一种激励机制，能保护生产者利益，活跃市场，但同时也会导致权利人利益与社会公共利益之间的冲突，而知识产权的时间性就是一种平衡机制，通过对专有性设定期限来防止因长期垄断而导致社会公共利益受损。

植物新品种权作为一种知识产权，也有其时间性，植物新品种只在一定期限内受保护。我国《植物新品种保护条例》第34条规定，品种权的保护期限，自授权之日起，藤本植物、林木、果树和观赏树木为20年，其他植物为15年。由此可见，当品种权保护期限届满，品种权就会丧失效力，全人类就可无偿使用该植物新品种。

3. 地域性

地域性是指知识产权的空间效力，即知识产权依据一国法律产生且只在该国领域内发生效力。这一特征有别于有形财产所有权。一般来说，有形财产所有权没有地域上的限制，只要作为权利客体的物质财富不灭失，无论财产转移到哪里，都为权利人所有，所有权不因所在地域发生改变而失去效力。相反，知识产权没有域外效力，权利人只在申请保护的国家享有权利，在其他国家则不享有这种专有的权利，任何人在"其他国家"领域内均可以自由使用该知识产品，《保护工业产权巴黎公约》中也规定了不同国家对同一知识产权的保护是独立的。但是，随着科技的发展和国际贸易的扩大，有关知识产权的国际需求也越来越大。为了解决知识产品的国际性需求与知识产权的地域性限制之间的冲突，有关知识产权保护的国际组织和国际公约相继成立，国民待遇原则（National Treatment Principle）❶作为地域性限制的补充和协调，使得知识产权在国际公约发生域外

---

❶ WTO基本法律原则之一，是指在民事权利方面一个国家给予在其国境内的外国公民和企业与其国内公民和企业同等待遇，而非政治方面的待遇，即外国商品或服务与进口国内商品或服务处于平等待遇。

效力成为可能。但是，这并不改变知识产权的地域性特点，权利的授予和保护形式仍由各缔约国按其国内法来决定。

植物新品种权同样也具有地域性特征。《植物新品种保护条例》第20条规定："外国人、外国企业或外国其他组织在中国申请品种权的，应当按其所属国和中华人民共和国签订的协议或者共同参加的国际条约办理，或者根据互惠原则，依照本条例办理。"可见，我国对其他国家授予的品种权没有保护义务，外国人、外国企业或组织在国外获得授权的品种权要在我国领域内获得保护，必须依照相关国际条约、协定或我国法律向我国另行提出申请。

三、植物新品种权与专利权的区别

专利权（The Patent Right），是发明创造人或其权利受让人对特定的发明创造在一定期限内依法享有的独占实施权，属于一种知识产权。发明是指人类在利用自然、改造自然的过程中所创造出的具有积极意义并表现为技术形式的新的智力成果，我们从以下四方面来探讨植物新品种权与发明专利权之间的区别。

（一）客体不同

植物新品种权的客体是植物新品种，是对原有品种进行改造和利用，实施育种方法完成培育过程而得到的新品种，它不是技术形式的智力成果，不具备专利法意义上的创造性。发明专利权的客体是发明创造，我国《专利法》上的发明就是指对产品、方法或其改进所提出的新的技术方案，❶ 包括产品专利和方法专利。根据我国《专利法》第25条的规定，我国对植物品种不授予专利，而对植物品种的育种方法可以授予专利。这里说的对育种方法授予的专利是方法专利，植物新品种则类似于产品专利。相比较而言，植物新品种是培育或改造的结果，发明则包括创造或改进的过程和结果。

---

❶ 吴汉东. 知识产权法［M］. 北京：法律出版社，2013：159.

（二）授权条件不同

《植物新品种保护条例》规定，获得授权的植物新品种应当属于国家植物品种保护名录中列举的植物的属或种，并具备特异性、一致性、稳定性、新颖性和特定命名。《专利法》规定，授予专利权的发明，应当具备新颖性、创造性和实用性。虽然二者都有新颖性要求，但是对新颖性的衡量标准并不相同。植物新品种的新颖性是指用于商业销售的时间限制——在申请日前该品种繁殖材料未被销售，或经育种者许可，在中国境内销售该品种繁殖材料未超过 1 年，在中国境外销售藤本植物、林木、果树和观赏树木品种繁殖材料未超过 6 年，销售其他植物品种繁殖材料未超过 4 年。发明专利的新颖性是指该项发明不属于现有技术，也没有任何单位或个人就同样的发明在申请日以前向国务院专利行政部门提出过申请并记载在申请日以后公布的专利申请文件或公告的专利文件中。由此可见，植物新品种要求"某一特定时间以前"的新颖性，而发明专利要求"完全"的新颖性。

植物新品种要求的特异性和发明专利要求的创造性也不同。植物新品种的特异性是指申请品种权的植物新品种明显区别于递交申请以前已知的植物品种。不论优劣和进退，只要与已知品种有明显区别，即使是退化的品种，也有可能获得授权，只是这种退化的品种不一定能进行推广并带来经济效益。发明专利的创造性是指与现有技术相比，该发明具有突出的实质性特点和进步，强调发明的进步性。如果一个发明不具有进步性，即使有实质性特点，也不能被授予专利权。

植物新品种要求的一致性、稳定性和发明专利要求的实用性也不同。植物新品种的一致性是指申请品种权的新品种经过繁殖，除可预见的变异外，其相关特征或特性保持一致。稳定性是指品种经过反复繁殖或在特定周期结束时，相关的特征或特性保持不变。实际上，尽管植物新品种权申请要求提供申请说明书、申请照片和说明等材料，具体包括育种过程、育种方法、繁殖材料等内容，但是不要求完全再现申请的植物品种。因为品种的培育受各种因素的影响，基因变异的可能性非常大，即使完全按照申

13

请人提供的材料进行培育，也难以培育出与申请的植物品种完全一样的品种。发明专利的实用性是指该发明能够被制造和使用，并且能产生积极的效果。提交专利申请材料时应当对发明作出具体、完整的说明，技术人员根据说明能够制造出专利产品。可见，植物新品种的一致性和稳定性不要求能"完全"再现该植物品种，但发明专利的实用性要求根据材料能"完全"再现该发明。

另外，发明要获得专利权也没有"特定命名"和属于"特定名录"的要求。关于植物新品种的授权条件，本书将在第四章作详细探讨，在此不赘述。

（三）保护对象不同

植物新品种保护制度保护的是品种的繁殖材料或收获材料，UPOV 公约 1978 年文本规定保护对象是品种的繁殖材料，1991 年文本规定保护对象是品种的繁殖材料和收获材料。我国适用 UPOV 公约 1978 年文本，我国的植物新品种权保护的是植物新品种的繁殖材料。《植物新品种保护条例》规定，任何单位或个人未经品种权人许可，不得为商业目的生产或销售该授权品种的繁殖材料，不得为商业目的将该授权品种的繁殖材料重复使用于生产另一品种的繁殖材料。实际上，无论是繁殖材料还是收获材料，植物新品种权制度保护的是新品种的遗传信息，但是通过现有技术难以完全掌握品种的所有遗传信息，且影响品种培育和生产的因素很多，所以通过提交的材料也不一定能完全再现该品种，要保护品种的遗传信息也就成了一件成本高而确定性低的事。植物新品种的遗传信息除去可预见的变异外，几乎全部来自繁殖材料，繁殖材料作为遗传信息的物质载体，自然也就成了植物新品种权的保护对象，任何他人在未经品种权人许可且法律没有特别规定的情况下，为商业目的生产、销售、使用繁殖材料的行为都将构成侵权。因此，我国植物新品种权保护的是实物，是"有形的"繁殖材料。

发明专利包括产品专利和方法专利。《专利法》规定，任何单位或个人未经专利权人许可，都不得实施其专利，即不得为生产经营目的制造、使用、许诺销售、销售和进口其专利产品，或者使用其专利方法以及使用、许诺销售、销售和进口依照该专利方法直接获得的产品。产品专利保护的是形状、构造等，强调保护专利产品本身。当一个产品获得产品专利时，任何人只要为生产经营目的制造、使用、许诺销售、销售和进口该专利产品，不论产品的生产方法如何，都将构成侵权。方法专利不仅保护该专利方法，也保护由该专利方法直接获得的产品。当一个产品获得方法专利时，任何人只要使用其专利方法以及使用、许诺销售、销售和进口依照该专利方法直接获得的产品，就构成侵权，但是，他人若没有使用该专利方法而获得专利产品，对该产品的制造、销售、使用等行为则不构成侵权。所以，发明专利权不仅保护"有形的"产品，也保护"无形的"技术方案。

（四）提交的材料不同

《植物新品种保护条例实施细则（林业部分）》规定，申请植物新品种权时应当提交符合规定格式的请求书、说明书及相关照片，同时还规定，植物新品种保护办公室可以要求申请人送交申请品种权的植物品种和对照品种的繁殖材料，用于审查和检测，申请人逾期不送交繁殖材料的，视为放弃申请。可见，申请植物新品种权时不仅需要提交书面材料，还需要提交"实物"——繁殖材料，包括籽粒、果实、根茎、苗、芽、叶等。专利权则不同，提出专利申请时，只需提交书面的申请文件，申请文件包括权利要求书、请求书、说明书等，不需要提交作为"实物"的产品。但是，在特殊情况下，申请人也需提交相关生物材料。《专利法实施细则》规定，申请专利的发明涉及新的生物材料，该生物材料公众不能得到，并且对该生物材料的说明不足以使所属领域的技术人员实施其发明的，申请人应当在申请日前将该生物材料的样品提交国务院专利行政部门认可的保藏单位保藏。可见，专利申请人只有在特定情况下才需要提交生物材料，而品种权申请人必须提供繁殖材料。另外，接收材料的单位也不同，专利申请人是向国务院专利行政部门认可的保藏单位提交生物材料，而品种权申请人是直接向植物新品种保护机构提交繁殖材料。

第二节　植物新品种权法律制度

一、植物新品种权法律保护的意义

（一）推动世界种业的发展

植物新品种的研发与培育耗费时间长、成本高、风险大，加之品种的"田间公示性"，植物新品种育种者的权益容易受到侵犯。对植物新品种加以法律上的保护，实际上是保护植物新品种育种者的权利。只有对植物新品种育种者的权利加以保护，世界种业才能得到发展，主要体现在以下三个方面。

第一，植物新品种的法律保护刺激和鼓励社会对种业发展的投入。植物新品种的法律保护打破了世界上公、私部门投入植物育种原有的投资格局，20 世纪 60 年代以来，1960～1970 年世界上公共部门在植物育种研发投资中占比 81.22%，随着 UPOV 的成立和公约的完善，1991～1996 年世界上公共部门在植物育种研发投资中占比仅 38.43%，私人部门投资占比上升至 61.6%。❶ 植物新品种的法律保护不仅刺激了育种者对植物新品种研发的投入，也促进了跨国种业的投资，加强了国际贸易交流，推动了世界种业的一体化发展。在我国种业发展的初级阶段，对植物新品种加以法律保护，尤其是知识产权保护，有利于吸引投资，诱发企业之间并购重组，扩大经营规模，提高新品种研发量。

第二，植物新品种的法律保护促进科技创新，提升企业发展的核心竞争力。种子企业的发展与科技创新能力密切相关，知识产品的研发成为企业核心竞争力的集中体现。生物技术在种业发展中得到广泛应用以后，形

---

❶ 张劲柏，侯仰坤，龚先友. 种业知识产权保护研究 [M]. 北京：中国农业科学技术出版社，2009：39.

成了复杂的植物新品种知识产权系谱。具有大量有效知识产权的企业对技术应用型企业的生产经营行为产生显著影响，低端技术应用型企业为了安全合法地使用新技术，会积极与持有相关知识产权的企业进行整合与合作，从而加强本企业的科技创新能力，提升核心竞争力。

第三，植物新品种的法律保护带动种业相关产业的发展与整合。植物新品种的培育作为生物技术，耗费时间长、成本高、风险大，呈现高度集中化的趋势。大型的农业生物技术公司不仅能垄断种业市场，还能垄断农业化工等相关市场，在生物技术和种业市场中占据领先地位，并不断向上、下游产业发展。植物新品种的培育改变原有品种的性状和品质，提高了农业产品的获利能力，同时为供应链中相关产品的垄断提供了技术支持，对植物新品种加以法律保护，尤其是知识产权上的保护，将强化这种支持。

（二）促进生物多样性

生物多样性是指地球上的生物所有形式、层次和联合体中生命的多样化，即生物和它们组成的系统的总体多样性和变异性。生物多样性是地球生命经过几十亿年发展进化的结果，是人类赖以生存和持续发展的物质基础。它提供人类所有的食物和木材、纤维、油料、橡胶等重要的工业原料。中药绝大部分来自生物，目前直接和间接用于医药的生物已超过 3 万种。可以说，保护生物多样性就等于保护了人类生存和社会发展的基石，保护人类文化多样性基础，就是保护人类自身。随着环境的污染与破坏，比如森林砍伐、植被破坏、滥捕乱猎、滥采乱伐等，世界上的生物物种正快速消失。消失的物种不仅会使人类失去一种自然资源，还会通过生物链引起连锁反应，影响其他物种的生存。20 世纪末，生态平衡、生物多样性问题受到国际社会广泛重视。1992 年，《生物多样性公约》（Convention on Biological Diversity，CBD）在里约热内卢签署，我国成为世界上首先批准《生物多样性公约》的 6 个国家之一。

植物新品种的法律保护与生物多样性的相互促进，主要体现在两个方面。

第一，植物新品种的法律保护保障基因的完整性。生物多样性包括三个层次：基因多样性、物种多样性和生态系统多样性，保护植物新品种对生物多样性来说最重要的意义就是保护植物基因的多样性。植物新品种与其他已知品种最本质的区别就是特异性，而特异性是由该品种的特定基因或基因型组合确定的。对植物新品种加以法律保护，防止他人未经权利人许可而对植物新品种进行生产、销售等行为，充分保障基因的完整性，同时刺激育种者加大对植物新品种培育的投入，促进基因多样性的保持和发展。

第二，《生物多样性公约》开启植物新品种保护法律制度的新路径。《生物多样性公约》宗旨在于保护生物多样性、持续利用生态系统组成部分及公平合理分享利用遗传资源产生的惠益，该公约是对 UPOV 公约的重要补充。发达国家与发展中国家分别处于生物技术和生物资源的两端，全球 80% 的生物资源都在发展中国家，95% 的生物技术专利为发达国家所控制。[1] 这种情况下，植物新品种保护的法律制度是不完善的，因此，《生物多样性公约》的理念开始融入一些国家的植物新品种保护法律制度中，有的发展中国家试图在 UPOV 公约之外构建新的保护模式，有的 UPOV 成员国在本国植物新品种保护立法中增加生物多样性的有关条款。所以，植物新品种的法律保护与生物多样性是相互影响、相互促进的。

二、植物新品种权制度的产生

（一）植物新品种法律保护的背景

1. 社会背景

植物新品种法律保护产生的社会背景主要是指当时的社会客观需要，包括精神上的客观需要和经济上的客观需要，植物新品种保护的法律制度不仅体现当时人们精神客观需要，还体现经济上的客观需要。经济需要直接与经济秩序相关联，经济秩序会对社会的整体秩序产生重要影响，因

---

[1] 吴汉东. 无形财产权基本问题研究 [M]. 北京：中国人民大学出版社，2013：353.

此，社会普遍存在的经济需要能催化相关法律制度的产生。19 世纪中叶以后，在一些经济较发达的资本主义国家，农机工业和化肥工业迅速发展，农业机械被广泛适用，农业发展水平得到提高，农业在社会经济中的影响力也相应提高。同一时期，孟德尔遗传规律的提出带来了育种革命，育种业逐渐在农业生产中发展成相对独立的产业类型。在这种环境下，为了保障育种者的精神利益和经济利益，对植物新品种进行保护就显得尤为迫切，这种客观需要成为植物新品种保护的法律制度的诞生基础。

2. 政治文化背景

植物新品种保护的法律制度的诞生也得益于当时资本主义社会已成型的政治理念和社会文化。19 世纪末，一些发达的资本主义国家的社会制度已经稳固，资本主义思想和理念普遍为社会所接受，当时倡导并盛行的"科学""民主""法治"等思想具有一定的进步性。在这样的政治文化背景下，人们能普遍接受"保护智力成果"的思想。随着专利制度的迅猛发展，统治者也意识到对植物新品种加以法律保护的重要意义，并接受"育种者权利应当得到法律保护"的理念。这种政治理念和思想文化的传播为植物新品种保护的法律制度的诞生扫除了精神障碍。

3. 法学理论背景

19 世纪后期，各国逐渐意识到知识产权保护的重要性，相关国际公约相继成立。1883 年 3 月 20 日，《保护工业产权巴黎公约》签署，1886 年 9 月 9 日，《保护文学和艺术作品伯尔尼公约》签署，这两个公约明确规定签署国或缔约国应当对智力成果加以法律保护，为植物新品种保护的法律制度的诞生提供了法律基础。植物新品种的培育是不断进行选择、组合、实验和判断分析的过程，从本质上来说就是育种者的智力劳动，植物新品种就是育种者的智力成果，理应和其他知识产权一样受到法律保护。由于植物新品种本身及其培育过程具有生命特性，用保护无生命特性的工业产权的普通专利法来保护植物新品种存在困局，国际上也不断探索保护植物新品种的新的法律制度，最终签署了 UPOV 公约，确定了植物新品种权法律保护制度。

（二）植物新品种权制度的形成

1. 植物新品种法律保护的起源

植物新品种保护历经了一个长期的不断摸索和创新的历史过程。从1474年威尼斯共和国颁布保护技术发明的专利法开始到19世纪，专利制度得到迅猛发展，但是，它只为有关工业技术的发明活动提供保护，农业科研一直处在专利保护范围之外。1833年，罗马教皇发布关于"在技术和农业领域给予所有权"的宣言，宣称"自1826年9月23日起，对科学文学工作的成果，对涉及农业进步及其更加可靠的技术和更加高效的方法成果授予专利权"，该宣言被认为是植物新品种保护制度的起源。但是，该宣言保护的也只是"技术"和"方法"，对"品种"并不提供保护。19世纪下半叶，孟德尔遗传规律的提出和应用使越来越多的人认识到育种者的育种行为对农业发展的重要作用，有关育种的专业组织开始建立，如1881年，奥地利建立农业与种子检验联邦研究所，这是最早的有关植物种子的国家研究机构。

自19世纪末至20世纪初，有关植物品种是否受专利保护的争论愈演愈烈。1883年成立的《保护工业产权巴黎公约》（以下简称《巴黎公约》）规定："对工业产权应作最广义的理解，它不仅适用于工业和商业本身，而且同样适用于农业和采掘业，适用于一切制成品或天然产品。"《巴黎公约》将植物新品种纳入工业产权的范围，但是仍然没有对植物新品种的具体保护方式作出规定。大部分国家对植物新品种采用专利保护，以美国和德国为代表。由于植物品种具有生命特性和遗传变异性，原来用于保护无生命特性的工业产品的专利制度无法适用于植物新品种。1930年，美国国会修改了传统的专利法，颁布《植物专利法》，规定对用无性繁殖所得可区别的新的植物品种（块茎除外），诸如花卉和果树，授予专利。国会宣布"该立法的目的是向农业提供切实可行的同已为工业提供同样的机会来利用专利制度"，并声称"没有这种保护，育种者将不会有足够的财力激励其从事育种活动"，这是世界上第一部用特殊类别的专利来对植物品种进行保护的法律。1931年8月，美国授予了第一个植物专利。同一时期，德国专利局对人工培育产生的新植物授予某些专利权，之后，又对用专门培植方法获得的植物的"繁殖权利要求"授予专利权。❶ 此外，法国、荷兰等国家都试图用工业专利或其他方式来为植物新品种提供保护，并取得相应成绩。

2. 植物新品种专门法律制度的形成

由于利用专利法保护植物新品种的限制性，部分国家开始探索更合适的植物新品种保护方式。20 世纪四五十年代，有关植物新品种的专门保护制度在德国、荷兰等国家相继产生。1941 年，荷兰颁布了保护育种者权利的法律，明确育种者权利是与专利权不同的，根据植物育种工作的特点创设出来的新的权利类型。1953 年，德国出台《种子材料法》，开创性地对育种者的权利规定专门的保护。荷兰与德国所确立的权利类型构成了 UP-OV 公约中品种权的基础。

为了协调各国制度差异，促进植物新品种保护制度的国际化发展，在世界范围内形成统一的植物新品种保护制度成为必然。1957 年，法国外交部邀请保护知识产权联合国际局（BIRPI）、联合国粮农组织（FAO）、欧洲经济合作组织（OECE）和 12 个国家召开第一次植物新品种保护外交大会，形成大会决议。1957 ~ 1961 年，经过几轮专家会议，拟定《国际植物新品种保护公约》（UPOV 公约）草案。1961 年 12 月，第二次植物新品种保护外交大会在法国巴黎召开，此次会议通过了《国际植物新品种保护公约（草案）》，比利时、法国、英国、丹麦、瑞士等国相继签署该公约，英国、荷兰、联邦德国相继批准该公约。公约于 1968 年 8 月 10 日正式生效，国际植物新品种保护联盟正式成立。该联盟是一个政府间国际组织，总部设在瑞士的日内瓦，其职责是"以造福社会、鼓励植物新品种的开发为目的，建立发展一个有效的植物品种保护体系"。UPOV 的成立标志着国际植物新品种保护进入一个新的阶段。

---

❶ 孙炜琳. 植物新品种保护制度研究［M］. 北京：中国农业科学技术出版社，2014：30.

三、植物新品种权制度的发展

（一）UPOV 公约的变化

UPOV 公约自 1961 年通过，1968 年正式生效之后，于 1972 年、1978 年和 1991 年经历 3 次修改。1972 年文本修改不大，被合并到 1961 年文本中，合称 1961/1972 年文本。1961/1972 年文本、1978 年文本和 1991 年文本目前都有效，所有缔约国中，有 2/3 适用的是 1991 年文本。相较于 1978 年文本，1991 年文本主要有如下变化。

1. 增加对"品种"的定义

UPOV 公约 1978 年文本没有对"品种"作出明确定义，只是提出了授予品种权应满足的 5 个条件。1991 年文本对"品种"下了明确定义，第 1 条（vi）规定："'品种'系指已知植物最低分类单元中单一的植物群，不论授予育种者权利的条件是否充分满足，该植物群可以是：以某一特定基因型或基因型组合表达的特征来确定；至少表现出上述一种特性，以区别于任何其他植物群，并且作为一个分类单元其适用性经过繁殖不发生变化。"只要满足该定义的要求，就可视为一个"品种"。

2. 扩大受保护品种的种属范围

UPOV 公约 1978 年文本第 4 条第（1）款规定"本公约可适用于一切植物属和种"，但是没有强制要求成员国必须保护所有植物属和种。同时，该条第（3）款规定："每个联盟成员国自本公约在其领土生效之日起，应至少对五个属或种实施本公约的规定……三年内至少有十个属或种；六年内至少有十八个属或种；八年内至少有二十四个属或种。"而 1991 年文本要求成员国保护所有植物品种，该文本第 3 条规定："已是联盟成员的国家受 1961/1972 年文本或 1978 年文本约束的各缔约方应实施本公约规定条款。从受本公约约束之日起，适用于 1961/1972 年文本或 1978 年文本规定的所有植物属和种，也都于上述之日起适用于本公约；最迟自上述之日起，至五年期满时，适用于所有植物属和种。联盟的新成员不受 1961/1972 年文本或 1978 年文本约束的各缔约方应实施本公约规定条款。自受本公约约束之日起，至少适用于 15 个植物属和种；最迟自上述之日起，至 10 年期满时，适用于所有植物属和种。"可见，不论成员国适用哪一年的文本，都必须对所有植物品种提供保护，只是时间要求不一样。

3. 加强对育种者权利的保护

第一，1991 年文本扩大了保护对象的范围。UPOV 公约 1978 年文本仅对品种的繁殖材料实施保护，包括有性繁殖的材料和无性繁殖的材料。该文本第 5 条第（1）款规定："授予育种者权利的作用是在对受保护品种的诸如有性或无性繁殖材料之类的进行下列处理时，应事先征得育种者同意……"1991 年文本将保护对象扩大到收获材料，包括派生品种。❶ 该文本第 14 条第（2）款规定："〔有关收获材料的活动〕从事（1）款（a）项中（i）至（vii）各项活动，涉及由未经授权使用受保护品种的繁殖材料而获得的收获材料，包括整株和植株部分时，应得到育种者授权……"同时，第 14 条还规定，对派生品种、需要反复利用受保护品种进行繁育的品种及与受保护品种没有明显区别的品种同样实施保护。而 1978 年文本并不对派生品种提供保护，该文本规定，对受保护品种可在有限的方面进行改良，如果改良的品种和原品种有明显的区别，可作为一个新品种单独获得保护，利用改良品种的人也不需要对原品种的育种者承担义务。

第二，1991 年文本扩大了育种者的权利范围。关于育种者的权利，1978 年文本第 5 条第（1）款规定："授予育种者权利的作用是在对受保护品种的诸如有性或无性繁殖材料之类的进行下列处理时，应事先征得育种者同意：以商业销售为目的之生产；提供出售；市场销售。"该文本将侵犯品种权的行为限定为以商业销售为目的的生产销售。而 1991 年文本扩大保护对象范围的同时，也扩大了侵犯品种权行为的范围，大大加强了育种者的权利。1991 年文本第 14 条规定："除另有规定的，涉及受保护品种繁

---

❶ 根据 UPOV 公约 1991 年文本第 14 条第（5）款的规定，实质性派生品种应满足三个条件：①主要从原始品种派生，或主要从原始品种派生的品种派生，且保留了受原始品种基因型或基因型组合控制的基本形状表达；②与原始品种有明显区别；③除派生过程产生的差异外，受原始品种的基因型或基因型组合控制的基本形状的表达与原始品种相同。

殖材料的下列活动需要育种者授权：生产或繁殖；为繁殖而进行的种子处理；提供销售；售出或其他市场销售；出口；进口；用于上述目的的原种制作……"可见，不仅生产、繁殖、制作、销售等行为需要育种者授权，进口、出口等行为也需要育种者授权，育种者获得出口权与进口权。

第三，1991年文本缩减了农民特权。1978年文本将农民对受保护品种的自繁自用行为规定为"强制性例外"，认为是对受保护品种的合理使用。1991年文本将其规定为"非强制性例外"，第15条第（2）款规定："尽管有第14条条款规定，各缔约方在合理的范围内，并在保护育种者合法权益的条件下，仍可对任何品种的育种者权利予以限制，以便农民在自己土地上为繁殖之目的，而使用在其土地上种植的保护品种所收获的产品或第14条5款a项（i）或（ii）所指品种收获的产品。"这也就是说，在农民特权问题上，育种者权利只在适当范围内受限制，农民特权得到相应缩减。

第四，1991年文本将"临时保护"作为强制性内容。1978年文本第5条第（3）款规定："任何联盟成员国，可以在注册申请至批准期间采取措施保护育种者的权利，以防止第三者侵权。"可见，1978年文本仅将"临时性保护"作为"可选择性内容"，成员国可以选择给予育种者"临时性保护"，也可以选择不给予育种者"临时性保护"。相反，1991文本第13条规定："各缔约方应采取措施，以便在从提交或公布育种者权利申请至授予育种者权利之间的期间内，保护育种者的权利。"该条款将"临时性保护"作为各缔约成员国的义务，各缔约成员国必须为育种者提供"临时性保护"。

4. 取消"双重保护禁止"

关于植物新品种的保护方式，1978年文本第2条第（1）款规定："联盟各成员国可通过授予专门保护权或专利权，承认本公约规定的育种者的权利。但是，对这两种保护方式在本国法律上都予认可的联盟成员，对一个和同一个植物属或种，仅提供其中一种保护方式。"即对同一个植物新品种只能采取一种保护方式，不允许同时采取专门法和专利法的形式，我们称之为"双重保护禁止"。而 1991 年文本对此并没有作出任何相关规定，适用 1991 年文本的国家可自行选择专门法、专利法或两者结合的方式来保护植物新品种。

5. 延长保护期限

1978 年文本对植物新品种的保护期限规定为："自授予保护权之日起，保护期限不少于 15 年。藤本植物、林木、果树和观赏树木，包括其根茎，保护期为 18 年。"而 1991 年文本的相关规定为："该期限应自授予育种者权利之日起不少于 20 年，对于树木和藤本植物，该期限应自所述之日起不少于 25 年。"后者规定的期限明显有所延长。

与 UPOV 公约 1978 年文本相比，UPOV 公约 1991 年文本保护范围更广、保护力度更大，这是 UPOV 成员国长期新品种保护工作的积累，更加适应现代农林业科技发展的需求。因此，加入 1991 年文本成为必然趋势。已加入 1961/1972 年文本和 1978 年文本的国家逐渐向 1991 年文本转移，1999 年后新申请加入 UPOV 的国家必须适用 1991 年文本。截至 2004 年 11 月，UPOV 共有 58 个成员国，其中适用 1991 年文本的有 31 个，占比 53%；适用 1978 年文本的有 25 个，占比 43%；适用 1961/1972 年文本的仅比利时和西班牙，占比 3%。❶ 截至 2014 年 11 月，UPOV 共有 72 个成员国，其中适用 1991 年文本的有 53 个，占比 74%，有 22 个（42%）成员国由较早版本转向 1991 年文本；适用 1978 年文本的有 19 个国家，占比 26%；适用 1961/1972 年文本的仅比利时。❷ 加入 1991 年文本已成为国际趋势，在亚洲区域，除中国适用 1978 年文本外，其他国家如日本、韩国、越南、新加坡等均适用 1991 年文本。从长远发展来看，我国应当加入 1991 年文本，这是国际植物新品种保护的趋势，也更符合经济贸易全球化和现代生物技术发展的现实要求。

（二）植物新品种保护的立法模式

20 世纪末，随着国际贸易和交流的发展，涉及知识产权的国际贸易越

❶❷ 郑勇奇，张川红. 植物新品种保护与测试研究［M］. 北京：中国农业出版社，2015：96.

来越多，1993 年 12 月，《与贸易有关的知识产权协定》（Agreement On Trade – related Aspects of Intellectual Property Rights，TRIPs 协定）于乌拉圭签署成立。TRIPs 协定第 27 条明确规定，各成员应规定通过专利或一种有效的特殊制度或通过这两者的组合来保护植物品种。目前，国际上有关植物新品种保护的立法模式，主要分为两种——单一制模式和双轨制模式。单一制模式就是以专利法或者专门法形式来保护植物新品种，双轨制模式就是以专门法和专利法相结合的方式来保护植物新品种。双轨制模式又可以分为专门法和专利法叠加保护模式与专门法和专利法分立保护模式。

1. 专利法保护模式

专利法保护模式就是主要通过专利制度来对植物新品种进行保护，以意大利、匈牙利等国家为代表。该模式将植物新品种纳入专利法保护范畴，但是其授权条件仍然适用 UPOV 公约的规定，对植物新品种进行 DUS 测试，只是在程序性或行政性事务上与专利法有一定联系，因此，该模式也被称作"由专利衍生的专门方式的保护"。例如，意大利植物新品种的保护适用专利法规定，专利局受理有关品种权的申请事宜并处理授权等日常事务，但申请是否得到批准与授权必须征得农林部的建议后作出；农林部负责对品种进行审查和检测，申请人应向农林部提供新品种的繁殖材料；专利法中有关强制许可的规定适用于植物新品种权的保护，但该许可由专利局根据农林部的建议颁发；为了对植物品种专利申请进行审查，农林部内部成立包括专利局局长在内的顾问委员会。❶

2. 专门法保护模式

专门法保护模式就是以 UPOV 公约为依据，制定专门的制度对植物新品种进行保护，以澳大利亚、巴西、南非等国家为代表。以澳大利亚为例，澳大利亚在 1987 年实施《植物育种者权利法》，于 1989 年加入 UPOV 公约 1978 年文本。1994 年修订《植物育种者权利法》，使之符合 UPOV 公约 1991 年文本的基本原则。2000 年加入 UPOV 公约 1991 年文本，2002 年

---

❶ 刘平，陈超. 植物新品种保护通论［M］. 北京：中国农业出版社，2011：36.

再次修订《植物育种者权利法》，该法基本与 UPOV 公约一致。该法规定，植物新品种保护由基础产业部负责，基础产业部设立品种保护办公室；DUS 测试由育种者自己负责；为了保证育种者权利审批的公正性，某些特定单位或个人不能申请育种者权利等。澳大利亚植物新品种保护制度与专利制度无关，其保护范围和保护力度也比专利制度小。

3. 专门法和专利法叠加保护模式

专门法和专利法叠加保护是指针对不同繁殖方式的植物新品种同时采用专门法和专利法进行保护，由专利局和农业部混合管理，以美国尤为典型。美国于 1930 年颁布《植物专利法》，对无性繁殖的作物和遗传工程相关的植物品种实时保护，由专利与商标局进行审查，成为世界上最早用专利制度保护植物新品种的国家。该法于 1954 年、1998 年分别得到修订。1953 年，为了进一步加强植物新品种和植物专利的保护，国会在《实用专利法》中规定了对植物发明可授予实用专利，突破了将植物视为自然界产物而不能受一般专利法保护的障碍。1970 年，美国又颁布《植物新品种保护法》，对有性繁殖作物实施保护，由农业部植物新品种保护办公室负责审批。美国于 1981 年加入 UPOV 公约 1978 年文本，1994 年修订《植物新品种保护法》，1999 年加入 UPOV 公约 1991 年文本。1985 年，美国专利与商标局的专利申诉与冲突委员会在 EX Parte Hibberd 一案中作出裁定，不管是有性繁殖的植物还是无性繁殖的植物，都是美国专利法规定的实用发明专利的法定主题，由专利、植物专利和植物品种保护法提供重叠保护是可行的。此后，大量植物，尤其是转基因植物获得专利授权。2001 年，美国最高法院判决，新开发的植物是可专利的主题。实用专利方式可适用于包括植物品种在内的任何植物发明。美国对植物品种实施的这三种保护方式相互配合，构成一个严密的体系，发明人或育种者可根据情况选择任何一种方式来保护自身权益。

4. 专门法和专利法分立保护模式

专门法和专门立法分立保护是指对植物品种采用专门制度进行保护，对植物的生产方法、植物的细胞、组织及未被列入政府颁布的植物品种明细表中的品种采用专利制度加以保护，以日本、德国、瑞士等国家为典型。以德国为例，德国是对植物新品种保护起步较早的国家，早在 1934 年，德国专利局对人工培育的植物新品种授予专利权，又对专门的植物繁殖方法实施专利保护。1953 年，德国出台《植物新品种保护法》，对育种者权利实施专门保护。1974 年修订该法，凡是列入品种目录表中的品种都能获得保护。专利法也规定"对品种保护法不予保护的品种可给予专利保护"。1992 年，由于 UPOV 公约 1991 年文本的规定，德国将品种保护法的适用范围扩大到所有植物属和种，专利法也删除上述规定。1973 年，德国联邦专利法院在判决中否认"繁殖权利要求"的专利性，认为"该类繁殖方法本身不是发明，真正有发明性的培育方法不可重复"。德国对植物的专利保护主要集中在对植物体、组织、细胞培养物等的专利授予上。

第三节 我国植物新品种权制度的起源与发展

一、我国植物新品种法律保护的起源

我国是历史悠久的农业大国，也是世界农业的发源地之一，但是我国现代农业育种技术远远落后于发达国家，我国植物新品种保护制度与我国政治、经济和育种技术密切相关。19 世纪末 20 世纪初，我国现代农业育种开始萌芽。1918 年，上海华商纱厂联合会设立棉花种植试验场，与当时的金陵大学合作选育出"百万棉"，成为我国现代农业育种的先驱。此后，引种、试种、人工授粉等方法成为当时我国主要的育种方法。1919 年的南京高等师范学校率先开始水稻的引种、选种，培育出"江宁洋籼"和"东莞白"等品种。1920 年，金陵大学开始品种比较试验，选育出"金大1386"中稻品种。由于当时的政治制度和经济水平的限制，当时的社会缺乏植物新品种保护的意识，相关机构也没有能力对植物新品种进行合理保护。

中华人民共和国成立后，社会主义大改造完成，计划经济体制建立起来。在计划经济体制下，全国育种工作由政府主导，有序统一地组织和实施。育种人员根据单位的安排开展育种工作，个人福利和待遇由国家依据政策统一执行。当育种人员获得重大成就，由单位给予奖励。这种制度在一定程度上调动育种人员的积极性，客观上达到了植物新品种保护法律制度所要达到的效果，也是植物新品种保护的一种制度。由于当时的经济体制和经济发展水平的限制，我国尚不具备建立专门的植物新品种保护法律制度的社会需求和动力，但是，出台了相关规定并产生良好的作用，政府对种子工作的重视可见一斑。1950 年，农业部制定《五年良种普及计划》，开展群众性选种工作。1958 年，农业部又提出种子工作实行依靠"农业生产合作社自繁、自选、自留、自用，辅之以调剂的方针"。1962 年，国务院发布《关于加强种子工作的决定》。

二、我国植物新品种权制度的产生与发展

我国自 1978 年改革开放以来，整个社会发生重大变革，经济和科技文化得到迅速发展。20 世纪 80 年代中期，生物技术知识产权开始得到保护。1984 年 3 月 12 日，第六届全国人民代表大会常务委员会第四次会议通过《专利法》，1985 年 4 月 1 日起施行，明确规定保护生物技术方法发明，包括动植物品种的生产方法和药品的生产方法发明。随着经济体制改革的深化和市场经济的发展，知识产权的保护得到进一步加强。1992 年 9 月，《专利法》得到第一次修正，将大部分涉及生物技术的产品和物质纳入其保护范畴，并于 1993 年 1 月 1 日起施行。由于国际上的通行做法是植物品种本身不纳入《专利法》保护范畴，而是专门立法加以保护，因此 1992 年修正的《专利法》没有将植物品种纳入其保护范畴。《专利法》又经 2000 年 8 月和 2008 年 12 月的两次修正，明确规定对"动物和植物品种"不授予专利权，对其生产方法可以授予专利权。但是，该种保护不延及品种本身，他人完全可能规避发明专利的技术特征，从而获得品种。

为了与 UPOV 公约接轨，1993 年 8 月，农业部、林业部、中国专利局

和国家科委联合成立《中华人民共和国植物新品种条例》（以下简称《条例》）立法领导小组和工作小组，1995 年 5 月，着手起草《条例》。1997 年 3 月 20 日，国务院正式发布《中华人民共和国植物新品种条例》，对植物新品种采用植物新品种权制度加以保护，《条例》于 2013 年 1 月和 2014 年 7 月两次得到修订。1999 年 4 月 23 日，我国正式加入 UPOV，成为其第 39 个成员国，适用 UPOV 公约 1978 年文本。1999 年 6 月 16 日，农业部发布《中华人民共和国植物新品种保护条例实施细则（农业部分）》（以下简称《细则（农业部分）》），规定对农业植物新品种保护的具体实施，该细则又分别于 2007 年 9 月、2011 年 12 月和 2014 年 4 月得到三次修订。根据《细则（农业部分）》的规定，农业植物新品种包括粮食、棉花、油料、麻类、糖料、蔬菜（含西甜瓜）、烟草、桑树、茶树、果树（干果除外）、观赏植物（木本除外）、草类、绿肥、草本药材、食用菌、藻类和橡胶树等植物的新品种。1999 年 8 月 10 日，林业部发布《中华人民共和国植物新品种保护条例实施细则（林业部分）》（以下简称《细则（林业部分）》），规定对林业植物新品种保护的具体实施，该细则于 2011 年 1 月得到修订。根据《细则（林业部分）》的规定，林业植物新品种包括林木、竹、木质藤本、木本观赏植物（包括木本花卉）、果树（干果部分）及木本油料、饮料、调料、木本药材等植物品种。2000 年 12 月，最高人民法院审判委员会通过《关于审理植物新品种纠纷案件若干问题的解释》。2002 年 12 月，农业部通过《农业植物新品种权侵权案件处理规定》。2006 年 12 月，最高人民法院通过《关于审理侵犯植物新品种权纠纷案件具体应用法律问题的若干规定》。至此，我国"以《条例》为基础，其他规范性文件相互补充"的植物新品种保护法律体系基本形成。可见，我国的植物新品种保护模式是双轨制分立保护模式，即对植物新品种本身通过专门法律制度实施保护，对植物品种的生产方法通过专利制度实施保护。

此外，我国《种子法》于 2000 年 7 月颁布，分别于 2004 年 8 月、2013 年 6 月和 2015 年 11 月三次得到修订。根据党的十八届四中全会提出的"完善知识产权保护制度"和 2015 年中央一号文件关于"加强农业知识产权法律保护"的要求，2015 年 11 月修订，2016 年 1 月 1 日施行的《种子法》专章规定"新品种保护"，从此，植物新品种权保护上升到"法律"层次。尽管《种子法》关于品种权保护的内容简单，且新品种保护的具体执行仍由《条例》及相关实施细则进行规定，但它降低了新品种保护的门槛，加大了侵权的惩罚力度，是我国植物新品种权保护体系中不可忽视的一部分。

【本章小结】

在现代法律制度中，植物新品种保护的法律制度既是知识产权法的组成部分，又有着自身特有的内容体系，无论是大陆法系国家还是英美法系国家皆如此。植物新品种保护法律制度从起源到发展不足两百年，但是对促进育种技术创新、推动育种产业的发展和保护种质资源、促进生物多样性等方面起到重要作用。本章以植物新品种和植物新品种权的概念界定为切入点，阐述植物新品种权的内涵和特征，并介绍植物新品种权法律制度的起源、发展以及我国植物新品种保护法律制度的选择，目的是让读者掌握植物新品种权的法律本质、植物新品种保护制度的法律地位等基本问题，故本章为全书的理论基础。

从法律角度来说，不论 UPOV 公约或各国法律如何定义植物新品种，植物新品种必须满足特异性、一致性和稳定性。UPOV 公约的 1991 年文本和 1978 年文本相比，增加了"品种"定义，并在品种权保护范围、保护期限等方面发生变化，增强了育种者权利。目前国际上植物新品种保护的立法模式包括单一制和双轨制，采用专门法或专利法单一保护，或采用两者相互配合保护。我国采用的是双轨制保护模式，对植物新品种的培育方法用专利法加以保护，对植物新品种本身以专门法律制度加以保护。我国形成了以《植物新品种保护条例》及其实施细则为基础，以《种子法》及其他相关规范性文件为补充的植物新品种权法律保护体系。

问题与思考

1. 如何理解植物新品种权的基本特征？
2. 如何理解植物新品种权法律保护的意义？
3. 简述植物新品种权与专利权的区别。
4. 简述目前国际上植物新品种保护的立法模式。

 知识链接

加入 UPOV 公约 1991 年文本对我国可能产生影响

UPOV 公约 1991 年文本相比于 1978 年文本，加大了新品种保护的范围，延长了保护期限，近 3/4 的成员国都适用 1991 年文本，我国加入 1991 年文本是顺应国际植物新品种保护大趋势的。加入 1991 年文本，将对我国的植物育种产业乃至整体经济发展带来一定影响。从两个文本的主要差异来看，加入 1991 年文本可能对我国产生以下影响。

（一）积极影响

1. 加强品种权保护力度，刺激育种者的研发积极性

加入 1991 年文本，我国植物新品种保护相关的法律法规必须得到修改，育种者权利范围、授权对象的范围都会得到扩大，品种权的保护力度得到加强，有利于育种者快速合理地收获回报，这将大大刺激育种者的研发积极性，吸引更多对育种产业的投入，从而推动育种产业的发展，扭转我国育种行业长期落后于国外的局面。

2. 有利于引入国外优质资源，加强国内生物资源的保护

根据 1978 年文本的规定，成员国对植物品种保护名录范围内的品种加以保护。我国目前林业植物新品种保护名录和农业植物新品种保护名录中共 344 个植物的属或种，虽然远远超过 1978 年文本规定的受保护品种的数量要求，但是对于国际贸易和交流仍然会产生很大弊端。由于植物品种保护名录的限制，国外的保护名录之外的优良品种无法进入我国市场，从而限制了资源的引进，从一定程度上会影响育种。例如，某国新育成某品种，由于我国未将该品种列入植物新品种保护名录，该国将该品种出口到我国市场将面临很大的侵权风险，从而将取消或限制该品种在我国的投入。此外，国内的保护名录之外的优良品种要申请品种权保护也面临着巨大的障碍，不仅削减育种者的积极性，甚至会造成品种外流，不利于对国内生物资源的保护。

根据 1991 年文本的要求，成员国应当将所有植物品种的属或种纳入保护范围。我国加入 1991 年文本，受品种权保护的植物属或种范围扩大，授权对象的范围也延伸到收获材料和实质性派生品种，这将有利于打破新品种交流的障碍。在 1991 年文本的推动下，国际品种交流将会增加，国内市场与国际市场的对接更顺畅，贸易壁垒将减少，从而更有利于引进国外更多优质品种，丰富我国的品种资源。同时，由于不再受到植物品种保护名录的限制，国内本土的符合条件的所有植物品种都能顺利申请品种权，这更有利于国内生物资源的保护。

3. 有利于转变国内育种模式，推动育种产业发展

我国目前的育种产业和品种权保护都还处在初级阶段，在育种上长期以来依赖国外品种，拥有自主知识产权的品种较少。加入 1991 年文本，保护范围延伸到收获材料和实质性派生品种，这有利于引导国内育种模式发生转变。对收获材料和派生品种的保护，将提高育种者的积极性，引导育种者开展本土的新品种的培育，促进本土资源的利用，改变过度依赖进口国外品种的产业模式，发挥我国的资源优势并将其转化为知识产权优势，最终推动我国育种产业向前发展。

（二）消极影响

1. 增加品种权保护的难度

1991 年文本对所有的植物的属或种都加以保护，我国加入 1991 年文本后，受保护的植物的属或种的范围扩大，品种权申请量将大量增加，审

查、测试和维权等工作量也会急剧加大，我国现有的品种权申请审查、DUS 测试和执法维权等工作面临着严峻挑战。为解决这一难题，我国必须完善相关法律制度，提高品种权行政管理水平，完善机构组织，最重要的是建立和完善 DUS 测试标准，确保每个植物品种的品种权申请都能顺利进行实质审查，而这些工作在短时间内是不能解决的，需要长期的准备。加入 1991 年文本后，育种者的权利范围和授权对象的范围均有所扩大，这在一定程度上也会引起品种权纠纷范围的扩大，如果执法维权力度不够，将出现严重的侵权现象。

2. 打击我国非原创性育种，冲击我国落后的育种产业

我国目前育种产业和育种水平远远落后于发达国家，原创性育种较少。1991 年文本将保护范围扩大到实质性派生品种，会对非原创育种的单位产生打击。我国加入 1991 年文本后，根据国民待遇原则，国外品种也将在我国受到保护，受保护品种的实质性派生品种同样也受到保护，这就对实质性派生品种的利用形成制约，由此形成技术壁垒和知识产权壁垒。非原创性育种的单位，尤其是以依赖国外品种为主的花卉育种企业将受到巨大冲击，其经济效益将受到影响。

我国目前的植物品种保护名录中的植物大多是经过驯化栽培的品种，育种者多为科研机构，且新品种数量有限，因此我国在国际品种交流中并不具有优势。我国还有很多植物处于野生状态，没有品种化，这使我国在国际品种贸易中缺少市场竞争力。我国加入 1991 年文本后，植物品种保护范围扩大，加上巨大的经济市场和廉价劳动力，这将吸引大量国外品种的投入与品种权申请，外资企业凭着先进的育种技术和资源，大量培育新品种，又以品种权保护为由，设置新的贸易壁垒，从而垄断我国市场，压制我国育种产业的发展。因此，加入 1991 年文本，将是对我国育种者和育种产业的极大考验和挑战。

第二章

植物新品种权的主体

本章知识结构

育种人与品种权人

育种人的工作单位 { 执行本单位任务
利用单位物质条件

委托育种人

合作育种人

外国人 { 向国家林业和草原局提出品种权申请
向国家农业农村部提出品种权申请

同一植物新品种的品种权人

权利主体、权利客体和权利内容是构成一项权利的三大部分。植物新品种权的主体是"育种者"，客体是植物新品种，权利内容包括生产权、销售权、重复使用权、进口权、出口权等。各国对植物新品种的保护力度不同，育种者对植物新品种享有的权利范围也不同。我国仅规定育种者对植物新品种享有生产权、销售权和重复使用权，权利内容将在本书第五章详述。本章仅讲述植物新品种权的主体。

第一节 育种人与品种权人

根据 UPOV 公约 1978 年文本和 1991 年文本，植物新品种权实质上就是育种者权利，1991 年文本第 1 条将育种者明确定义为："培育或发现并开发了一个品种的人；上述人员的雇主或按照有关缔约方的法律规定代理雇主工作的人；或视情况而定，上述第一个人或第二个人的继承人。"UPOV 公约 1991 年文本中所定义的育种者是广义上的育种者，而不仅仅是指完成新品种育种工作的人。根据该文本的相关解释文件，只有符合上述定义的育种者才有权被授予"育种者权利"，如果"育种者权利授予无权获得这一权利的人，缔约国应宣告其授予的育种者权利无效，除非该权利已转让给有权享有此权利的人"。即上述育种者定义之外的人无权获得育种者权利，但是育种者权利可以合法转让给他人。上述定义中的"人"应理解为包括自然人和法人，且指一人或多人。UPOV 公约并未限定谁可以成为育种者，育种者可以是业余园艺爱好者、农民、科学家、植物育种机构或专门从事植物育种的企业等。UPOV 公约也并未限定新品种培育的方法或技术，对于"发现并开发"，发现可能是新品种培育过程的第一步，但仅仅发现现有品种而未作改良繁殖的人不具备获得育种者权利的资格。必须将植物材料开发为一个新的品种，育种者才有资格获得保护的权利。根据 UPOV 公约相关解释文件的规定，当培育或发现并开发品种作为雇员，其雇主或依照有关联盟成员的法律规定代理雇主工作的人，有权获得育种者权利。培育或发现并开发品种的人及其雇主通过遗嘱、赠与、销售或交换将其受保护的权利交给"权利继承人"，那么该权利继承人也是 UPOV 公约所定义的"育种者"。

第二节 育种人的工作单位

《条例》第 7 条规定："执行本单位的任务或者主要是利用本单位的物质条件所完成的职务育种，植物新品种权的申请权属于该单位；非职务育种，职务新品种的申请权属于完成育种的个人。申请被批准后，品种权属于申请人。"显然，职务育种的品种权人是完成该育种的单位，品种权的申请权也属于该单位。该条款规定了职务育种的两种情形：第一，执行本单位的任务而完成的育种；第二，主要是利用本单位的物质条件所完成的育种。上述规定中"单位"是指完成育种的人所属的单位，是一个"法人"，具有民事权利能力和民事行为能力，依法独立享有民事权利承担民事义务的组织。以某公司为例，"单位"是指该公司本身，而不是公司内部设立的某部门或分公司等小的组成部分。

一、执行本单位任务而完成的育种

关于执行本单位任务而完成的育种，《细则（林业部分）》第 5 条和《细则（农业部分）》第 7 条将其细分为三种情形。

（一）在本职工作中完成的育种

本职工作是单位分配给工作人员个人的职务范围。关于本职工作，从三个方面进行理解。第一，这里所说的本职工作是指研究、开发等内容的工作，不包括其他工作内容。例如，某种业公司研发部的某工作人员，其主要工作就是培育植物新品种，那么他完成的育种当然属于职务育种。而市场部某工作人员的主要工作是开拓市场，增加业务量，新品种的培育不属于其工作范围。如果公司没有明确委派给他培育新品种的任务，那么他所培育出的新品种不能认为是职务育种。第二，育种工作不应当超过本单位的业务范围。超过本单位业务范围的育种不在本职工作范围之内，自然不属于职务育种。第三，职务育种的判断不以完成育种的工作人员的工作内容为标准。一项新品种的研发和培育需要花费很长时间，在此期间，如果培育人员的工作内容发生变动，在判断是否为职务育种时，应当以完成育种工作时该人员是否担任研发培育的本职工作而定。

（二）履行本单位分配的本职工作之外的任务所完成的育种

这种情况是指工作人员的本职工作虽然不是研发培育新品种的工作，但是经单位分配参加短期的、临时的培育工作，从而培育出新品种的，也应当认为是职务育种。值得注意的是，这种短期临时的任务应当有明确具体的根据。判断是否属于履行本单位分配的本职工作之外的任务所完成的育种，应当有明确的证明材料，并说明具体的任务和参加人员。

（三）离开原单位后 3 年内完成的与其在原单位承担的本职工作或分配的任务有关的育种

"离开"包括退职、退休和调动工作。规定这一情形的目的在于防止培育人员利用工作变动而侵害原单位的植物新品种申请权。新品种的培育本身需要花费很长时间，如果培育人员在原单位在职期间就已经开始研究和培育，甚至接近完成，离开原单位后 3 年内完成该新品种的培育工作，实际上与在原单位担任的职务密切相关，而且育种工作的完成也得益于在原单位职务上的经验，所以这种情况下应当认为是职务育种。离开原单位 3 年的期限应当从办理退职、退休或调动工作手续之日起计算。例如，张某原是甲农科所的研究员，其主要工作是负责植物新品种的研发培育。2014 年 8 月 7 日，张某办理离职手续。2015 年 6 月 12 日，张某正式任职于乙种业公司研发部主任。2016 年 12 月，张某完成 A 品种的育种工作。显然，张某从离开甲农科所到完成 A 品种的育种工作，未满 3 年期限。A 品种的申请权应当属于甲农科所，A 品种获得授权后，甲农科所为品种权人。

二、主要利用本单位物质条件完成的育种

具体来说，单位工作人员完成育种虽然不是为了执行本职工作的研发、培育任务，也不是为了执行单位临时分配的培育任务，而是其自动完成，但在完成育种过程中主要利用了本单位提供的物质条件，这种情况下完成的育种也应当认为是职务育种。本单位的物质条件包括本单位的资金、仪器设备、试验场地以及单位所有的尚未允许公开的育种材料和技术资料等，实际上不仅限于可以支付代价偿还的"物质条件"，还包括无形的"技术条件"。这种情形下对植物育种的判断，需特别注意两点：第一，利用单位的物质条件，是为了进行育种工作从而完成新品种的培育，而不是新品种培育完成后为了检测该新品种；第二，单位的物质条件对新品种的培育起"主要"作用，才能认定为职务育种，如果仅是少量利用单位的物质条件，则不能认定为职务育种。利用到什么程度才认定是"主要"利用呢？吴汉东教授对专利的职务发明"主要利用单位物质技术条件完成的发明创造"中的"主要利用"做了解释：首先，若本单位的物质条件在发明创造过程中未起到关键性或不可替代的作用，则不能认定为"主要"；其次，尽管单位的物质条件在发明创造过程中起了关键性作用，但在发明人按双方约定缴纳使用单位物质条件相应费用的情况下，也不应属于"主要"。❶ 本书赞同此解释，并将此解释应用于植物新品种领域，即本单位的物质条件在育种过程中起到关键性或不可替代的作用，且培育人员没有为使用单位物质条件而支付相应费用。具体来说，如果没有本单位的物质条件，育种工作也能完成，或者通过其他途径也能找到同样的物质条件来完成育种，就不能认为是"主要"。如果培育人员支付了相应的使用费用，应当认定为培育人员与单位订立了合同，品种权根据合同来定，不应认定为对单位物质条件的"主要利用"，更不能认定为"职务育种"。

---

❶ 吴汉东. 知识产权法［M］. 北京：法律出版社，2014：154.

第三节　委托育种人

委托育种人是指受他人以合同方式委托而开展育种工作的人。一个单位或个人委托其他单位或个人进行研发育种时，常涉及委托的目的、任务、报酬、双方权利和义务及违约的处理等问题，所以需要双方签订有关委托育种的合同。我国《条例》规定，委托育种的品种权归属由当事人在合同中约定，没有合同约定的，品种权属于受委托完成育种的单位或个人。所以，不直接从事育种工作的单位或个人也可以通过委托育种的方式来获得品种权及其申请权，从而获得经济收益。

另外，我们应注意将委托育种合同和新品种的委托生产合同区别开来。委托育种合同是在某新品种培育出来之前，委托方与受托方签订合同，由受托方完成新品种的培育工作的合同。新品种的委托生产合同也称代繁合同，是指新品种已经培育出来并获得授权，委托方与受托方签订合同，由受托方代为生产该授权品种的繁殖材料的合同。

第四节　合作育种人

合作育种人指两个或两个以上共同完成育种活动的行为主体。合作育种人包括完成新品种育种的单位或个人。两个或两个以上单位或个人合作进行研发育种工作，常涉及合作的目的、任务、各方的权利和义务，以及成果的分享等问题，所以合作各方签订有关合作育种的合同。我国《条例》规定，合作育种品种权的归属由当事人在合同中约定，没有合同约定的，品种权属于共同完成育种的单位或个人。通过上述规定看出，合作育种品种权归属，以合同约定优先，合同无约定的，由合作育种者共有。

关于合作育种的品种权归属，可以从三个方面进行理解。第一，判断什么人可以成为共同育种者的标准。按照《细则（农业部分）》的规定，完成新品种培育的人员是指对新品种培育作出创造性贡献的人，仅负责组织管理工作、为物质条件的利用提供方便或者从事其他辅助性工作的人不能被视为培育人。所以《条例》中规定的"共同完成育种的单位"是指完成新品种培育的人员所属的单位，不是指参加合作的所有单位；"共同完成育种的个人"是指完成新品种培育的人员自己，不是指参加合作的所有个人。参加了合作但是对新品种培育没有作出创造性贡献的单位或个人不能认为是育种者，一般情况下，也不能成为品种权人。第二，共同育种者之间必须存在共同完成育种的合意。如果两个育种者没有共同完成育种的合意，分别独立完成了育种，此二人不是法律上的共同育种者。或者，如果一个育种者在完成育种后，愿意与他人共享新品种的申请权，这种情况也不构成共同育种者，只是共同申请人。获得授权后，二人是共同品种权人。第三，合作育种在申请品种权时应取得全体共同育种者一致同意。只要有一位育种者不同意申请，其他育种者不能擅自申请品种权，品种权申请的撤回同样如此。共同品种权人对权利的行使有约定的，从其约定。没有约定的，共同品种权人都可以单独实施品种权。因此，在共同育种中，没有合同约定的情况下，品种权的申请权由合作育种者共同享有。

第五节　外国人

外国人、外国企业或外国其他组织在中国申请品种权的，应当按其所属国与我国签订的协议或共同参加的国际条约办理，或根据互惠原则依照《条例》办理。关于外国申请人在我国申请品种权的申请方式，《细则（农业部分）》和《细则（林业部分）》有不完全一致的规定。

一、外国人向国家林业和草原局提出品种权申请[*]

《细则（林业部分）》第 16 条规定："外国人、外国企业或其他外国组织向国家林业局提出品种权申请和办理其他品种权事务的，应当委托代理机构办理。"就林业植物新品种而言，外国申请人在中国申请品种权的，无论其在中国境内是否有经常居所，都应当委托代理机构申请。

二、外国人向国家农业农村部提出品种权申请[**]

《细则（农业部分）》第 19 条第 2 款规定："在中国没有经常居所的外国人、外国企业或其他外国组织，向品种保护办公室提出品种权申请的，应当委托代理机构办理。"就农业植物新品种而言，在中国境内没有经常居所的外国申请人向中国申请品种权的，应当委托代理机构办理；在中国境内有经常居所的外国申请人申请品种权的方式则无严格要求，可以委托代理机构申请，也可以自己直接申请。

第六节　同一植物新品种的品种权人

相互独立的主体同时对同一植物新品种申请品种权的，同时申请品种权的各个申请主体都有申请权，彼此之间不存在与品种权权属相关的法律关系，该类主体被称作同一植物新品种的品种权人。例如，甲公司培育出 A 品种，作为对手的乙公司也培育出 A 品种，甲、乙于同一日向植物新品种保护办公室提出品种权申请，这种情况下该如何确定 A 品种的品种权归属呢？

---

[*] 2018 年国务院机构改革后，原国家林业局更名为国家林业和草原局，书中涉及之处，原法条内容不变，仍用国家林业局，其余之处使用新名称。

[**] 2018 年国务院机构改革后，原国家农业部更名为国家农业农村部，书中涉及之处，原法条内容不变，仍用国家农业部，其余之处使用新名称。

　　我国的品种权制度采用单一性原则，并以先申请制为补充，即一个植物新品种只能授予一项品种权，两个以上的申请人分别就同一植物新品种申请品种权的，品种权授予最先申请的人。那对于同时申请授权的新品种该如何确定其归属呢？《条例》第8条规定："同时申请的，品种权授予最先完成该植物新品种育种的人。"到底如何确定申请时间的先后呢？大多数国家以"日"为单位来判断申请时间的先后，我国品种权制度也是如此。《细则（农业部分）》和《细则（林业部分）》对此作了相同的规定，两个以上的申请人就同一个植物新品种分别于同一日提出品种权申请的，由申请人自行协商确定申请权的归属；协商不能达成一致的，品种保护办公室可以要求申请人在指定期限内提供证据，证明自己是最先完成该新品种育种的人。逾期未提供证据的，视为撤回申请；所提供证据不足以作为判定依据的，品种保护办公室驳回申请。当事人提交申请材料，可以直接提交，也可以邮寄，邮寄的，以寄出的邮戳日为申请提交日，邮戳不清的，除当事人能证明外，以品种保护办公室收到日为提交日。从以上规定看出，解决同时申请冲突的做法是协商制。通过协商，当事人可确定一方单独申请，另一方放弃申请；或确定各自的份额作为共同申请人提出申请。如果协商不能达成一致，品种权授予最先完成育种的人，但是其必须提供充分证明材料。

【本章小结】

　　本章主要介绍植物新品种权的主体。首先，对我国法律（法规）和UPOV公约中有关育种人和品种权人的规定进行介绍。其次。针对不同情形，对职务育种人、委托育种人、合作育种人等特殊育种人进行分析。再次，针对外国人在我国申请品种权，依据现行法律法规分别对向国家林业和草原局、国家农业农村部提出申请的要求予以介绍。最后，对相互独立的主体同时对同一植物新品种申请品种权时，如何确定品种申请权归属进行阐述——我国实行单一性原则，并以先申请制为补充，解决同时申请冲突的做法是先协商，如果协商不能达成一致，品种权授予最先完成育种的人，但是其必须提供充分证明材料。

 问题与思考

1. 简述育种人和品种权人的关系。
2. 简述合作育种的品种权归属。
3. 职务育种与委托育种有何区别？

 **典型案例**

雷某诉 A 农科所、B 公司植物品种权权属纠纷案*

职务育种由于其特殊性，由其引发的纠纷在司法实务中较为常见。培育人是指对新品种的培育作出创造性贡献的人，仅负责组织管理工作、为物质条件的利用提供方便或者从事其他辅助工作的人不能被视为培育人。界定职务育种与非职务育种的标准在于培育人是否是执行本单位的任务或者是主要利用本单位的物质条件完成育种。

【案情简介】

雷某于 1987 年 12 月 7 日从农科所退休，农科所于 1989 年 1 月 1 日至 12 月 31 日，1998 年 2 月至 2000 年 2 月两次返聘雷某，工作任务是继续主持"郑农 9 号""郑农 10 号""郑农 11 号""郑农 12 号""郑农 13 号""郑农 14 号"的选育工作，及参加预试、区试品系的工作安排等，由廖某协助工作。普通小麦新品种"郑农 16"是 1992 年选配的以"郑农 7 号"（审定名为"豫麦 34 号"）为母本、以"小偃 6 号"为父本的杂交组合，

---

　　* 农业部科技教育司，最高人民法院知识产权审判庭，农业部管理干部学院. 植物新品种保护案例评析［M］. 北京：法律出版社，2011：113.

经过 5 年系谱选育，于 1997 年育成的高产优质新品种。2003 年 8 月，"郑农 16"通过某省农作物新品种审定。2003 年 7 月 1 日被授予品种权。2004 年 5 月"郑农 16"品种权人变更为 A 农科所、B 公司。品种权证书显示培育人为雷某、廖某。A 农科所提供了 1988～2003 年 A 农科所为雷某课题组支出的费用单据，这些单据显示从 1988～2003 年共 16 年时间的费用总计为 303 548.52 元，其中参加人员工资 142 711.6 元。1992～1997 年费用总计为 42 471.93 元，其中人员工资是 16 165.2 元，明确和"郑农 16"无关的费用 23 429.5 元，合计是 39 594.7 元。1998～2000 年共计支出费用 41 529.15 元，其中人员工资是 28 100.4 元。1992～2000 年的费用总计 84 001.11 元，其中人员工资 44 265.6 元。

一审法院认为：根据《条例》第 6 条的规定，完成育种的单位或者个人对其授权新品种，享有排他的独占权。该案中双方对于雷某是"郑农 16"的培育人并无异议。

关于雷某培育"郑农 16"是独立完成还是与廖某共同完成的问题。该案中，在品种权证书中记载育种人为两人——雷某和廖某，在审理过程中通知廖某作为该案共同原告参加诉讼，但其以是职务育种为由，放弃参加诉讼。培育一个新品种需要几年甚至十几年的时间，这期间培育人对其从新品种的选育到成型的全程培育都有书面记录，该书面记录是新品种培育过程的最直接的反映，也是培育人创造性贡献的集中体现。该案中，雷某提交了其田间培育记载本，A 农科所认为雷某的两份记载本有大量涂改、页面松动的情况存在，无法辨认其记载内容的真假，但其未提供出其培育"郑农 16"的科学试验记载本。而且，从植物品种权申请材料和新品种审定材料可以看出，"郑农 16"是 1992 年开始选配的杂交组合，于 1997 年育成。从 A 农科所的课题计划和文件中反映，直到 1998 年，廖某才参与雷某课题组，而此时，"郑农 16"已经育种完成。因此，农科所没有证据证明廖某对"郑农 16"的培育作出创造性贡献，雷某主张其系独立完成"郑农 16"的培育工作，证据充分、理由成立。

关于雷某培育"郑农 16"是职务育种还是非职务育种的问题。界定职务育种与非职务育种的标准是看培育人是否是执行本单位的任务或者是主要利用本单位的物质条件完成的育种。该案中，"郑农16"的育种时间是1992～1997年。雷某系A农科所退休职工，A农科所仅有两份返聘文件证实雷某在1987年12月至1989年年底和1998年2月至2002年2月在A农科所工作，雷某也仅认可这两段时间；而在1990年至1998年1月A农科所没有提供雷某在农科所工作的证据，如返聘文件、返聘工资、报酬的支付情况。A农科所提供了其课题计划表、科技攻关项目申请书、农科所文件、目标管理责任制、工作总结等，欲证明雷某在A农科所工作并有明确的岗位职责，雷某认为这些证据均系A农科所单方证据，其并不知晓，且在长达十年的课题计划表中，仅在2001年才出现"郑农16"的栽培技术试验推广问题，而对"郑农16"的育种问题根本没有涉及。因此，A农科所的证据不足以证明雷某培育"郑农16"的行为是执行本单位的任务。

关于雷某的育种行为是否是主要利用本单位的物质条件。根据育种工作的实际情况，资金、试验用地是培育新品种的最基本的物质条件。雷某为证明其在某乡镇用自己学生6亩责任田自费进行育种试验的事实，请5位证人出庭作证，并提供了A农科所印发的《改革发展纪实》一书予以印证。虽然A农科所对5位证人的证言有异议，但该5位证人的证言与A农科所自己印发的《改革发展纪实》一书相互印证，可以证实雷某在某乡镇进行育种的事实。A农科所认为从1988～2003年给雷某提供的科研经费有30余万元并提供试验用地，而雷某认为资金和试验用地均系"豫麦34"和小麦病害防治所用，与"郑农16"的培育无关。"郑农16"的培育时间是1992～1997年，因此应主要对这一阶段的资金和试验用地进行审查；培育新品种期间的费用主要是购原种、农药、田间管理等费用。1992～1997年A农科所支出的费用总计为42 471.93元，但从A农科所提供的单据上看，大部分为农科所工作人员的工资以及"豫麦34"及其他新品种的参试、区试、品质鉴定等费用，其中参加人员工资是16 165.2元，在票据上明确注明和"郑农16"无关的费用有23 429.5元，合计是39 594.7元，未显示具体用途的有2 877.23元，没有一张单据写明和"郑农16"的培育有关。而 A 农科所认可的和田间管理有关的费用，1992～1998 年共计 480.9 元，其中还有 214.7 元明确写明为"豫麦 34"（"郑农 7 号"）发生的费用；而 1993 年、1997 年、1998 年没有任何田间管理费用发生。因此，A 农科所并没有充分的证据证明其为雷某培育"郑农 16"提供了主要的物质条件。

综上所述，雷某提供了证据证明其在退休后在某乡镇进行育种试验，独立培育出"郑农 16"的事实。而 A 农科所提供的证据不足以证明雷某的育种行为是执行 A 农科所下达的工作任务或者由农科所提供了主要的物质条件，即无法证明雷某培育"郑农 16"是职务育种。因此，"郑农 16"植物品种权应当属于雷某所有。一审判决后，A 农科所不服，提出上诉，经某省高级人民法院主持调解，双方达成普通小麦"郑农 16"植物品种权属于 A 农科所和 B 公司、A 农科所补偿雷某一定款项的调解协议。

【案件评析】

职务育种主要是指执行本单位的任务或者主要是利用本单位的物质条件所完成的育种，职务育种植物新品种的申请权属于该单位；非职务育种植物新品种的申请权属于完成育种的个人。职务育种的构成条件主要有（1）在本职工作中完成的育种或履行本单位交付的本职工作之外的任务所完成的育种；（2）退职、退休或者调动工作后，3 年内完成的与其在原单位承担的工作或者原单位分配的任务有关的育种；（3）主要利用本单位的物质条件所完成的育种。以上条件是并列关系，只要符合其中条件之一，就应认定该育种为职务育种。

该案中，雷某系 A 农科所退休职工，"郑农 16"是在雷某离开 A 农科所两年多以后才开始培育、离开 A 农科所七年多以后才育种成功，不符合职务育种的时间要求。同时 A 农科所的证据也不足以证明雷某培育"郑农 16"的行为是执行本单位的任务。核心问题是雷某是否利用了本单位的物质条件。根据育种工作的实际情况，本单位的物质条件是指本单位的资金、仪器设备、试验场地以及单位所有或者持有的尚未允许公开的育种材料和技术资料等，而资金、试验用地是培育新品种的最基本的物质条件。该案中，雷某证明了其在某乡镇用自己学生 6 亩责任田自费进行育种试验的事实，A 农科所认为从 1988～2003 年给雷某提供的科研经费有 30 余万元并提供试验用地。经查，雷某作为 A 农科所的育种专家培养出了"豫麦 34"等优良小麦新品种，A 农科所提供的许多费用单据都和"豫麦 34"有关，不能作为"郑农 16"的资金投入。

任何植物新品种的培育和开发都是通过具体的培育人的创造性智力劳动产生的。每一个培育成功的植物新品种都凝聚着育种者的辛勤汗水和心血。建立植物新品种保护制度的目的在于建立一个鼓励新品种培育和使用的运行机制，使育种者能够将自己创造的科技成果以法律形式固定下来，得到社会的尊重和认可，并通过新品种繁殖材料的生产、销售和使用取得经济效益，从而使新品种的研制开发和成果转化进入良性循环，成为促进农林业经济健康发展的有力保障。植物新品种的培育离不开育种者的智慧，也离不开物质的投入，因此，在审理植物新品种权权属纠纷案件时，必须考虑利益平衡的问题，既使育种人的积极性得到保护，又使单位为育种投入的大量物力、人力、财力得到相应的回报。正确确定培育人、合理划分职务育种与非职务育种是该案需要解决的核心问题。

第三章

植物新品种权的申请

本章知识结构

植物新品种权的申请与品种审定的区别
- 本质不同
- 对象和侧重点不同
- 申请条件不同
- 审查机构和层级不同
- 推广使用的要求不同

申请前的思考与决策
- 经济利益的分析
- 申请时间的抉择
- 申请国别的挑选
- 申请方式的安排
- 近似品种的选择

植物新品种权的申请
- 申请的原则
- 申请的方式
- 申请提交的文件
  - 品种权申请请求书
  - 品种权申请说明书
  - 品种权申请的照片
  - 品种权代理委托书
  - 要求优先权声明
- 申请的分案、撤回与驳回
- 申请的优先权

涉外植物新品种权申请
- 外国人、外国企业和其他组织向中国申请品种权
- 在中国完成的育种向外国申请品种权
- 中国单位或者个人向外国人、外国企业或者外国其他组织转让品种申请权或者品种权

第一节　植物新品种权的申请与品种审定的区别

品种审定是一种市场准入制度，由相关行政机关依照法定程序对品种进行审查，决定是否给予该品种进入市场的资格，并确定推广应用范围的过程。品种进入市场的方式除了品种审定制度，还有品种登记制度，即由品种选育的企业根据市场需求，自主决定品种是否进入市场，自主决定品种推广应用的范围。世界上大多数国家采用的是品种审定制度，尤其是发展中国家，如我国。而品种登记制度主要由市场经济成熟的发达国家采用，如美国。在我国的品种审定中，由品种审定委员会对品种进行区域试验，分析生产试验结果，审查品种的推广价值和应用范围。根据我国《种子法》的规定，国家对主要农作物和主要林木施行品种审定制度，应当审定的品种未经审定通过的，不得发布广告、推广、销售等。在品种登记制度中，由种子企业或育种单位自行安排品种的测试，取得相关数据后，报有关行政机关登记后即可进入市场，不需要通过行政机关组织试验。《美国联邦种子法》规定，研发者新育成的品种可以自愿申请注册，只需要向注册机构提交书面文字材料，确定本品种登记价值和适宜种植区域的试验报告等。

我国采取品种审定制度，是为了保护农、林业生产安全、种子安全和粮食安全。《植物新品种保护条例》第 5 条规定，生产、销售和推广被授予品种权的植物新品种，应当按照国家有关种子的法律、法规审定。植物新品种保护与品种审定都是针对植物品种，为了促进农、林业生产的发展而建立起来的两个独立的体系，二者的相同点主要在于都有 DUS 三性要求。根据《种子法》第 15 条的规定，申请审定的品种应当符合特异性、一致性和稳定性，而这也是植物新品种申请实质审查的内容。植物新品种申请与品种审定的不同点主要存在以下五个方面。

一、本质不同

植物新品种权由申请人提出申请，审批机关对新品种的一致性、稳定性、特异性、新颖性和命名进行审查，对符合要求的新品种的育种者授予品种权。我国植物新品种权保护依据的是《种子法》和《植物新品种保护条例》及相关配套措施，其本质是为育种者的知识产权提供保护，目的在于通过授予育种者权利来形成一种激励机制。品种审定的本质是为了保障农民利益、保护农业生产安全对申请人的生产秩序进行管理，是市场准入的范畴，可将其理解为"生产许可证"。品种审定主要依据的是《种子法》《种子管理条例》《主要农作物品种审定办法》《主要林木品种审定办法》，同时，各省还可以有自己的相关规定，其目的在于推广有利于农业生产的品种，并防止盲目推广对农业生产带来的危害。

二、对象和侧重点不同

植物新品种保护制度中，其对象既可以是新育成的品种，也可以是对发现的野生植物加以开发所形成的品种（不包括新引进的品种）。当一个品种属于国家植物品种保护名录所列举的属或种，且满足授权的其他条件时，就有可能被授予品种权，而不论其在实践中是否有应用价值。品种审定的对象可以是新育成的品种，也可以是新引进的品种。进行品种审定的农作物或林作物的品种，是依据该类作物对农、林业生产的重要性划分的，主要强调该品种的农艺价值和推广价值，❶ 注重作物品种的实际应用。因此，植物新品种保护和品种审定在对象和侧重点上都有所区别。

三、申请条件不同

申请植物新品种权的品种应当具备新颖性、特异性、一致性、稳定性并具有适当命名，在审查中要进行初步审查和实质审查。申请品种审定的

---

❶　孙炜琳. 植物新品种保护制度研究［M］. 北京：中国农业科学技术出版社，2014：14.

品种只要具备特异性、一致性和稳定性即可。二者对特异性的要求和认定也有所区别。植物新品种权申请主要从品种的外观形态上进行审查，如植株高矮、种皮或花的颜色、叶片宽窄、株型等一个或几个方面，只要明显区别于递交申请以前的已知品种即可认定该品种具备特异性。品种审定则不同，前述已提到，品种审定强调作物品种的实际应用价值，因此，品种审定要求该品种具有"内在"的特异性，属于"良种"，如具有产量高、品质好、成熟期短、抗病虫性强、抗逆性强等可利用特性。

四、审查机构和层级不同

植物新品种权申请的受理、审查、授权和公告等程序都由国家植物新品种保护机关负责进行，具体来说，我国的植物新品种保护机关是指国家农业、林业行政主管部门，分别设立农业、林业植物新品种保护办公室来负责植物新品种的保护。植物新品种保护集中在国家一级，只要被授予品种权，该权利就在全国范围内有效。而品种审定可以在国家和省级两个层面进行，由国务院和省级人民政府的农业、林业行政主管部门分别设立农作物品种和林木品种审定委员会，由审定委员会负责品种审定工作。各省级政府可以制定自己的品种审定范围，通过省级品种审定的品种可以在本行政区域内推广生产，但不能在其他省级行政区域推广生产。其他省（自治区、直辖市）属于同一适宜生态区的地域引种农作物或林木良种的，引种者应当将引种的品种和区域报所在省（自治区、直辖市）人民政府农业、林业主管部门备案。如果要对该品种进行全国范围的推广，该品种必须要通过国家品种审定。

五、推广使用的要求不同

尽管植物新品种保护和品种审定都要进行田间栽培试验，对其特异性、一致性、稳定性等特征进行审核，但是由于二者本质和目的不同，导致审核要求不同，以至于对品种推广使用的要求也有所差别。通过品种审定的品种可以直接应用于推广生产，不一定要申请植物新品种保护；相反，获得植物新品种保护的品种如果要应用于推广生产，必须通过品种审定。

总的来说，植物新品种保护与品种审定是两个不同的相互独立的体系，获得授权的植物新品种不一定能通过品种审定，通过品种审定的植物新品种也不一定能获得授权。需注意的是，一方面，品种审定要求必须提供新品种的亲本和所有育种信息，如果在品种审定之前，该种未获得授权，甚至未提出植物新品种保护申请，那么育种信息公开必定会对育种者权益造成影响；另一方面，如果育种者希望以植物新品种的名义将品种进行推广，那么育种者必须先申请植物新品种保护，获得授权后才能进行品种审定，如此一来，不仅耗费大量人力物力，更需花费 3~4 年的时间成本。因此，本书认为，可以通过植物新品种保护与品种审定两种程序相结合的方式来对新品种加强保护：由于二者都要对新品种的主要性状进行测试，且试验内容一致，所以在进行品种审定的同时，将符合条件的新品种移交至植物新品种保护机关，由植物新品种保护机关完成剩余的审查内容并授予植物新品种权，使被审定品种的育种者消除权益受损的"后顾之忧"，同时，期望以植物新品种的名义将品种进行推广的育种者也不必先申请植物新品种保护，这样就能节省经济成本与时间成本。

第二节　申请前的思考与决策

申请植物新品种权，是为了对来之不易的植物新品种进行法律保护，但是申请植物新品种权的每一个步骤都要花费大量的时间和精力。因此，在申请植物新品种权之前，申请人要权衡利弊，综合考虑经济利益、什么时候申请、在哪些国家申请、是否需要委托代理机构等各方面因素，再决定是否申请植物新品种权。

一、经济利益的分析

申请人申请品种权的根本目的在于对新品种进行法律保护，避免其他人未经许可商业化地利用该品种而给自己造成经济损失。所以，申请人在申请品种权以前，应当对其与经济利益相关的因素进行分析。一方面，申请人应当考虑该品种的经济价值和市场需求量的大小。有些品种虽然具备授权条件，但是在性状上并不优于其他同类品种，经济价值较低，在未来的竞争中并不具有明显优势，或者市场需求量小，难以为申请人或育种者带来经济价值，这样的品种就不宜申请品种权。经济价值高、市场需求量大的品种可以为申请人带来更多经济利益，更值得申请品种权。另一方面，申请人应当考虑生产的难易程度。对于经济价值高又容易生产的品种，申请人应及时申请品种权，为其提供法律保护，避免他人未经许可生产该品种而带来经济损失。总之，申请人在申请品种权之前，应当将上述情形与申请成本、年费等问题相结合，全面分析申请品种权的利弊，充分考虑品种权申请的经济效益，做到既为新品种提供保护，又不浪费资源。

二、申请时间的抉择

申请时间涉及申请人的优先权和品种的新颖性，甚至会影响申请资格。一方面，已正式向一个 UPOV 联盟成员国提出品种保护申请的育种者，欲在其他成员国提出申请，应享受为期 12 个月的优先权，即从向一国首次正式提出品种保护申请之日起 12 个月内又向其他成员国提出申请的，其申请日提前到首次正式提出申请之日。如果申请人从首次正式提出品种保护申请之日起至向其他成员国提出申请的期间超过 12 个月，申请人就不享有优先权。另一方面，申请日与品种的新颖性有直接联系。新颖性主要是根据品种是否销售或销售时间长短来判断，申请人推迟申请可能会因为品种销售超期而导致品种失去新颖性，甚至会因为同一品种已经由他人先申请根据先申请原则而失去申请资格。此外，申请人提交申请后，审批机关应在 6 个月之内完成初审，初审合格后审批机关会要求申请人提交相应的繁殖材料，审批机关对繁殖材料在适宜的自然状态下进行至少两个生长周期的 DUS 测试，DUS 测试证明品种具备"三性"才能对其授权。因此在申请时，要综合考虑优先权、新颖性、初审时间和 DUS 测试期间，不能浪费时间，申请时间"越早越好"。

申请人在提出品种权申请时还要描述品种的特征特性，在初审合格后提交繁殖材料。性状描述是否准确、提交的繁殖材料的质量等都会影响 DUS 测试的结果。因此，申请人提出申请"越早越好"的同时，还应当确保品种已经具备稳定性和一致性，而且应当确保 6 个月后能提交足够数量的质量合格的繁殖材料，避免"欲速则不达"。

另外，提出品种权申请还需要考虑品种审定问题。在我国，一个品种要进行推广生产，进入市场，必须要经过品种审定，包括国家审定和省级审定。只获得品种权而未通过品种审定是不能进行市场推广的，也就无法体现品种的经济价值。如果只通过品种审定但未获得品种权，品种所有人的权利也不能得到充分保障。对进行品种审定的品种，要进行至少两个生长周期的区域试验和至少一个周期的生产试验。因此，品种权申请时间应当结合品种审定的时间和周期来考虑，使通过品种审定的时间和获得品种权的时间尽量接近，在品种权获得保护的同时，最大限度实现其经济效益。

三、申请国别的挑选

由于品种权的地域性，品种权只在一个国家内有效。申请人要想在其他国家获得新品种保护，必须向该国另行提出申请（欧盟除外，向欧盟品种保护局申请的品种权在欧盟范围内有效）。❶ 因此，申请人应当根据品种的生长环境、市场销售范围及拟申请国家的申请程序等因素，综合考虑新品种保护的申请国别。

根据我国《条例》的规定，中国的单位或个人将国内培育的植物新品

---

❶ 刘平，陈超. 植物新品种保护通论 [M]. 北京：中国农业出版社，2011：77.

种向国外申请品种权的，应当按职责分工向省级人民政府农业、林业行政部门登记。另外，申请人还应综合考虑生物物种资源出入境的相关规定，确保申请的品种能出境。因为向国外申请新品种保护一般也要提交繁殖材料，获得授权后还需大量出口该品种繁殖材料。如果该品种繁殖材料不被允许出境，那就无法完成申请程序而不能获得授权。还需要注意的一点是优先权只在 UPOV 联盟成员国和与首次申请的国家或本国有相关协定的国家有效，除此之外，别的国家不承认申请人的优先权，因此，申请人在选择申请国家时还应当考虑优先权问题。

四、申请方式的安排

申请人可以选择自己直接向审批机关提出申请，也可以选择委托代理机构提出申请。申请人应当根据自己的实际情况，分析两种申请方式的利弊，综合考虑申请方式。

申请人如果自己直接向审批机关申请的，审批机关直接与申请人联系，而且申请人对自己的品种情况熟悉，方便向审批机关提交各种文件和材料。但是，申请人在填写文件、准备材料、办理手续等方面毕竟不专业，很可能对程序不太熟悉，提交材料也可能会因不合格而被驳回，使申请期间拖延而造成损失。相反，代理机构由于其业务性质和内容，在申请程序和准备材料方面会更专业。但是，申请人如果选择委托代理机构申请，审批机关会和代理机构联系，不再和申请人联系。一旦代理机构转交文件或转达信息不及时，也会延误申请时间，给申请人带来损失。因此，申请人应当认真考虑品种权申请的方式。一般情况下，品种权申请量大的企业，内部都有专门负责品种权申请的机构或人员，申请量少的企业或自然人申请人，可以选择委托代理机构申请。根据林业植物新品种保护办公室公布的数据，我国目前有 21 家品种权代理机构。●

● 林业植物新品种保护办公室网站．http：//www.cnpvp.net/root/icataview.aspx？id＝10.

五、近似品种的选择

在申请品种权时，申请人要描述申请品种和近似品种的相关特征特性并提供照片，还要送交申请品种和近似品种的繁殖材料，用于申请品种的审查和检测。申请人提出申请前，应当根据遗传学相关原理，选择一个或一个以上与申请品种在生物学特征特性上最为接近的已知品种作为近似品种供审批机关和测试机构参考。近似品种的选择，涉及 DUS 测试的结果。如果近似品种选得合适，申请品种作为新品种，与近似品种相比就有特异性，可能获得授权。如果近似品种选得不合适，"近似品种"与申请品种差异太大，DUS 测试的结果就无法准确反映申请品种的特异性，审批机关和测试机构会根据第一年的测试结果更换"近似品种"来重新进行测试，这种情况下，品种权的申请期间就需要延长一年。品种权申请人在选择近似品种时需要审慎权衡。

第三节　植物新品种权的申请

一、申请的原则

（一）书面原则

书面申请原则是指申请人为了获得品种权而履行的法定手续必须以书面形式办理。书面申请一方面能显现出程序的正式性和审批机关的权威性，另一方面在一定程度上防止品种权纠纷的产生。《条例》及相关实施细则中都有规定，申请品种权的，申请人应当向审批机关提交请求书、说明书和品种照片及其简要说明，同时提交相应电子文档。植物新品种保护办公室对上述文件有特殊规定，印制有专门表格，提交的文件必须符合规定格式。书面原则不仅适用于品种权的申请，也适用于审查、授权、复审等各环节，申请人的请求、答辩，审批机关的审查决定、授权决定等都以书面形式来实现。书面原则贯穿于品种权的产生、存续至消灭的整个过程。

（二）单一性原则

单一性原则是指一个植物新品种只能授予一项品种权。这就是说，申请人不能就一个植物新品种提出两项或两项以上的品种权申请，同时，一项品种权也不能授予两个或两个以上的植物新品种，品种和品种权是一一对应的。《细则（农业部分）》第34条规定："一件植物新品种权申请包括两个以上新品种的，品种保护办公室应当要求申请人提出分案申请。"在分案申请中，可以保留原申请日，即将分案申请的申请日提前至原申请日，同时，分案申请的请求书中应当写明原申请的申请号和申请日。在实践中，同一个杂交组合，从其杂交后代中可选育出两个或两个以上植物新品种，称为姊妹系。姊妹系的品种之间有特殊联系，也有区别特征。这种情况下，对姊妹系品种的植物新品种权申请也应当分案提出。此外，在一个杂优组合中，如果申请人既要保护培育的亲本材料，又要保护培育的杂交品种，这种情况下，申请人也必须对亲本和杂交种分别提出申请。❶ 实行单一性原则有利于审批机关对新品种的管理，也有利于新品种行业交易秩序的稳定。

（三）优先权原则

优先权原则产生于《巴黎公约》，是其基本原则之一。《巴黎公约》第4条专门规定了优先权原则，根据其规定，优先权原则是指申请人在任一成员国首次提出植物新品种保护申请后的一定期限内，又在其他成员国就同一植物新品种提出保护申请的，可将首次申请日作为后来在其他成员国申请的申请日。这种"将后来在其他成员国的申请日提前至首次申请的申请日"的权利就是优先权，首次申请日被称为优先权日，享有优先权的一定期限被称为优先权期。优先权可以转让，但必须与申请权一同转让。根据《巴黎公约》的规定，优先权与首次申请后的结果无关，不论首次提出

---

❶ 丁关良. 涉农法学［M］. 杭州：浙江大学出版社，2011：204.

申请的国家是否给予授权，都对优先权不产生影响，只要是足以确定申请日期的申请即可。但是，如果在提出后续申请时，申请人对首次申请"已经撤回、放弃或拒绝，没有提供公众阅览，也没有遗留任何权利，没有成为要求优先权的基础"，那么申请人不享有优先权，其后续申请应认为是首次申请。优先权的效力体现在两个方面：第一，在优先权期内，植物新品种不因任何将其公之于世的行为而丧失新颖性；第二，排除他人在优先权日后在相同国家就同一植物新品种提出保护申请。优先权原则一方面能为国际上的植物新品种保护申请提供便利，另一方面也能为优先权人的权利提供保护。因为，育种者在第一次正式提出植物新品种保护申请的申请日（优先权日）后，再向他国提出后续申请，可能会遇到第三人也在这些国家就同一植物新品种提出新品种保护的申请的情况（包括第三人合法培育出该新品种的情形，也包括第三人利用公告的、育种者首次申请时提交的材料而培育出该新品种的情形）。这种情况下，如果第三人的申请日晚于优先权日，那第三人的申请将会被驳回，享有优先权的申请人将获得授权。

UPOV 公约对优先权也作出相应规定，1978 年文本第 12 条规定："（1）凡已正式向一联盟成员国提出保护申请的育种者，欲在其他成员国提出申请，应享受为期 12 个月的优先权。优先权的时间从呈交首次申请之日起计算。呈交申请之日不计在内。""（2）为享受第（1）款之规定，再次申请必须包括保护权申请书，为首次申请提出优先权的请求书，并在 3 个月内呈交一份包括首次申请书的文件，该首次申请已经原受理主管机关证实为真实的文本。"我国《条例》对优先权的规定与 UPOV 公约的规定相同："申请人自在外国第一次提出品种权申请之日起 12 个月内，又在中国就该植物新品种提出品种权申请的，依照该外国同中华人民共和国签订的协议或共同参加的国际条约，或根据相互承认优先权的原则，可以享有优先权。""申请人要求优先权的，应当在申请时提出书面说明，并在 3 个月内提交经原受理机关确认的第一次提出品种权申请文件的副本，未按规定提出书面说明或提交申请文件副本的，视为未要求优先权。"例如，申请人于 2015 年 12 月 6 日向 UPOV 成员国甲国首次提出品种权申请，而后申请人又于 2016 年 7 月 8 日向我国提出品种权申请。此时，2015 年 12 月 6 日至 2016 年 12 月 5 日属于优先权期，申请人在此期间向我国提出品种权申请，可享有优先权，即在我国提出申请的日期提前至 2015 年 12 月 6 日。但是，申请人在向我国申请时应当提出书面说明，并在 3 个月内 (2016 年 10 月 7 日前) 提出经甲国相关部门确认的首次申请的申请文件副本，否则视为申请人未提出优先权要求。

（四）先申请原则

《条例》中明确规定，两个以上的申请人分别就同一植物新品种申请品种权的，品种权授予最先申请的人。先申请原则的关键在于申请日的先后。当事人提交申请材料，可以直接提交，也可以邮寄，邮寄的，以寄出的邮戳日为申请提交日，邮戳不清的，除当事人能证明外，以品种保护办公室收到日为提交日。当事人有优先权的，申请日就是指优先权日。

二、申请的方式

植物新品种的申请方式包括申请人直接申请和委托代理机构申请两种方式。申请人直接申请是说由申请人直接向植物新品种审批机关提出申请。申请人应是品种权的归属人，获得授权后，申请人就是品种权人。委托代理机构申请是指申请人与代理机构签订委托合同，明确委托的事项与权责，由代理机构指定 1～2 名代理人以申请人的名义办理品种权申请的相关事宜。代理机构在向审批机关提交申请时，应当同时提交申请人出具的委托书。审批机关在申请的受理与审查过程中，与代理机构进行联系，不直接和申请人联系，除非申请人解除委托并向审批机关备案。在中国申请植物新品种权，不论是中国申请人还是外国申请人，如果选择委托代理机构申请，只能委托中国境内的并由审批机关批准或备案的代理机构。

《条例》第 19 条规定："中国的单位和个人申请品种权的，可以直接或委托代理机构向审批机关提出申请。"这就是说，中国的申请人既可以自己直接申请，也可以委托代理机构申请。当然，这只是针对在国内申请品种权而言。如果中国申请人在国外提出新品种保护申请，应按照国外的申请要求和程序进行，但是，应当在中国进行登记。

三、申请提交的文件

根据《条例》及相关实施细则的规定，申请品种权的，申请人应当向审批机关提交请求书、说明书和品种照片及其简要说明各一式两份，还应同时提交电子文档。申请人若选择委托代理机构申请，代理机构还应当提交申请人出具的委托书。申请人要求优先权的，应在申请时提交书面说明，并在3个月内提交经原受理机关确认的首次申请的申请文件副本。所有文件模板均可在审批机关有关网站上下载。

（一）品种权申请请求书

品种权申请请求书中主要包括品种暂定名称、新品种所属的属或者种的中文名称和拉丁文名称、培育人信息、申请人信息、代理机构信息、新品种的培育时间和培育地等内容。申请人在填写请求书时，应当注意以下问题。

（1）请求书中填写的"培育人"应当是对该品种的培育作出创造性贡献的自然人，只负责组织管理工作、为物质条件提供方便或者从事其他辅助工作的人不能被视为培育人。

（2）申请人可以是自然人和法人。申请人是自然人的，请求书中应写明其真实姓名，并推定该育种为非职务育种；申请人是法人的，请求书中填写的单位全称应当与单位公章中的名称一致，并推定该育种为职务育种。职务育种者一般不能与单位作为共同申请人，如果另有约定，则可共同申请，并在申请的同时向品种保护办公室提交约定的文件。❶

（3）申请人委托代理机构申请的，应当填写代理机构的名称，并盖代理机构公章，代理机构指定的代理人不得超过2人。有多个申请人又未委托代理机构的，由全体申请人签字或盖章，并指定其中1人为申请人代表，

---

❶ 刘平，陈超. 植物新品种保护通论［M］. 北京：中国农业出版社，2011：83.

代表人为单位的，还应当填写单位联系人。申请人的排序无法律效力。

（二）品种权申请说明书

《细则（农业部分）》对品种权申请说明书作了明确的规定，具体应当包括以下内容。

（1）申请品种的暂定名称。该名称应当与请求书中填写的名称一致。

（2）申请品种所属的属或种的中文名称和拉丁文名称。名称的填写应当与国家植物新品种保护名录中列举的属或种的名称一致，否则将不会被受理。

（3）选育过程和育种方法，包括系谱、培育过程和所使用的亲本或其他繁殖材料来源与名称的详细说明。该部分内容对审批机关筛选近似品种、安排 DUS 测试有重要影响，如果该部分内容不真实，品种权申请将会被驳回。

（4）有关销售情况的说明。这涉及申请品种新颖性的判定。

（5）选择的近似品种及理由。近似品种是在所有已知植物品种中，相关特征或特性与申请品种最为相似的品种，而且近似品种的类型应当与申请品种一致。

（6）申请品种的特异性、一致性和稳定性的详细说明。

（7）适于生长的区域或环境及栽培技术的说明。这关系 DUS 测试的准确性和品种特异性的充分表达。

（8）申请品种与近似品种的性状对比表。

（三）品种权申请的照片

《细则（农业部分）》和《细则（林业部分）》都对品种权申请的照片作出明确的规定，具体来说，申请人提交的照片应当符合以下要求。

（1）照片有利于说明申请品种的特异性。这说明照片要能反映出申请品种和近似品种最明显的区别。

（2）申请品种与近似品种的同一性状对比应在一张照片上。

（3）照片为彩色，必要时，品种保护办公室可以要求申请人提供黑白照片。

（4）照片规格为 8.5 厘米×12.5 厘米或者 10 厘米×15 厘米。

（5）要有关于照片的简要文字说明。简要说明申请品种和近似品种的差异，便于审批机关的审查和 DUS 测试的观察。

（四）品种权代理委托书

申请人如果选择委托代理机构办理申请，应当与代理机构签订委托合同，明确委托办理的事项与权责。代理机构向审批机关提交申请时，应当提交申请人出具的委托书。申请人在出具代理委托书时，应注意以下几点。

（1）品种权申请有多个申请人的，在委托代理机构时，应当委托同一家代理机构，且全体申请人应在委托书上签章。当然，各申请人可以共写一份委托书，也可以分别填写委托书，但是委托的事项和权责应相同。

（2）对一项品种权申请，代理机构最多指定 2 名代理人。

（3）申请人解除委托或代理机构辞去委托的，应当通知对方，并向品种保护办公室提交相关声明，办理相应的著录项目变更手续。

（五）要求优先权声明

申请人要求优先权的，应当在申请时提出书面说明。优先权要求声明中，申请人应当填写在先申请的信息，包括在先申请国、在先申请日和在先申请号，同时还应当有申请人和代理机构的签章。申请人应当在提出申请之日起 3 个月内提交在先申请的申请文件副本，且该副本应经在先申请国的受理机关确认。该文件是外文的，应当附送中文译文，未附送的，视为未提交。

两部实施细则都对外国申请人的优先权文件作出具体规定，在中国没有经常居所或营业所的外国人、外国企业或其他外国组织申请品种权或要求优先权的，植物新品种保护办公室可以要求其提供下列文件：（1）国籍证明；（2）申请人是企业或其他组织的，其营业所或者总部所在地的证明文件；（3）外国人、外国企业、外国其他组织的所属国承认中国的单位和个人可以按照该国的同等条件，在该国享有植物新品种的申请权、优先权和其他与品种权有关的证明文件。

申请人可以在品种权授予前撤回或修改品种权申请，但是不得随意修改。根据《细则（农业部分）》的规定，未经品种保护办公室的批准，申请人在品种权授予前不得修改申请文件的下列内容："（一）申请品种的名称、申请品种的亲本或其他繁殖材料名称、来源以及申请品种的育种方法；（二）申请品种的最早销售时间；（三）申请品种的特异性、一致性和稳定性内容。"品种权申请文件的修改部分，除个别文字修改或增删外，应当按照规定格式提交替换页。因此，申请人在准备申请文件时，应当确保申请文件准确无误，避免因文件不合格而耽误最佳申请时间。

四、申请的分案、撤回与驳回

植物新品种权申请的分案是指在一项植物新品种权申请中包含有两个或两个以上的品种，申请人将其中一部分品种分出来另外提出申请，这也是对植物新品种权申请的一种特别修改。分案申请是单一性原则的要求，如果植物新品种权的申请不符合单一性原则，申请人必须分案。两部实施细则都对分案申请作了简单而明确的规定。《细则（农业部分）》规定，一件植物品种权申请包括两个以上新品种的，品种保护办公室应当要求申请人提出分案申请；申请人在指定期限内对其申请未进行分案修正或期满未答复的，视为撤回申请。《细则（林业部分）》规定，一件品种权申请包括两个以上品种权申请的，在实质审查前，植物新品种保护办公室应当要求申请人在规定期限内提出分案申请；申请人在规定期限内对其申请未进行分案修正或期满未答复的，该申请视为放弃。从以上规定可以看出，分案申请可以由品种保护办公室要求申请人提出。两部实施细则虽未明确规定申请人主动提出分案申请，但是根据单一性原则和申请人的修正权利，申请人也有权在品种保护办公室要求之前主动提出分案申请，但是品种权申请已经被驳回、放弃、撤回或视为撤回的，不能提出分案申请。关于分案申请提出的时间，由品种保护办公室指定（规定）期限，申请人在指定

（规定）期限内未提出分案申请或期满未答复的，视为撤回或放弃申请。

品种权申请有以下情形之一视为申请人撤回申请：（1）在规定的时间内未缴纳或未缴足申请费的；（2）逾期不送交或送交不符合规定的繁殖材料的。《细则（农业部分）》规定，除品种权申请文件外，任何人向品种保护办公室提交的与品种权申请有关的材料，有下列情形之一的，视为未提出：（1）未使用规定的格式或者填写不符合要求的；（2）未按照规定提交证明材料的。

当品种权申请有以下情形之一该申请将被驳回：（1）对危害公共利益、生态环境的植物新品种；（2）申请品种不在保护名录范围之内的；（3）外国申请人不符合《条例》第20条规定的；（4）申请品种丧失了新颖性；（5）对品种保护办公室发出的补正通知书和审查意见通知书逾期未答复的；（6）对品种权申请的修正仍不合格的；（7）未在规定时间内提交证明材料的。

五、申请的优先权

分案申请中，申请人应当是原申请人或其受让人或继承人，培育人应当是原申请中的培育人或其中一部分培育人。根据两部实施细则的规定，按照品种保护办公室要求提出的分案申请，可以保留原申请日，原申请享有优先权的，可保留优先权日，但不得超出原申请文件已有内容的范围；分案申请的请求书中应当写明原申请的申请号和申请日，原申请享有优先权的，应提交原申请优先权文件的副本。例如，2015年6月8日，甲就其植物新品种A及其与普通品种杂交的子代品种B分别向美国申请植物新品种权；2016年4月17日，甲将品种A和品种B作为一件品种权，向中国提出植物新品种权申请；2016年9月20日，甲按照品种保护办公室的要求将品种B从原申请中分离出来，提出分案申请。这种情况下，可以保留原申请日，即将对品种B的申请提前至2016年4月17日，又因甲在原申请中享有优先权，可保留优先权日，所以最终可将对品种B的申请提前至2015年6月8日。但是，品种B的分案申请的内容不得超过原申请文件已有内容的范围，如果超过，品种保护办公室应当要求其修改，若申请人不修改，该分案申请将被品种保护办公室驳回。

每一个分案申请都是一个普通的独立申请。从分案时起，分案申请完全独立于原申请，原申请所产生程序上的效力不能继续适用于分案申请，原申请被撤回、驳回、放弃或无效宣告的，对分案申请不产生影响，反之亦然。

第四节　涉外植物新品种权的申请

外国人、外国企业或外国其他组织在中国申请品种权的，应当按其所属国与我国签订的协议或共同参加的国际条约办理，或根据互惠原则依照《条例》办理。

一、外国人、外国企业和其他组织向中国申请品种权

在中国没有经常居所的外国人、外国企业或者其他外国组织向农业办公室提出品种权申请的，应当委托农业办公室指定的涉外代理机构办理。申请人委托代理机构办理品种权申请等相关事务时，应当与代理机构签订委托书，明确委托办理事项与权责。代理机构在向品种保护办公室提交申请时，应当同时提交申请人委托书。品种保护办公室在上述申请的受理与审查程序中，直接与代理机构联系。对于在中国没有经常居所的外国人、外国企业或者其他外国组织申请品种权或者优先权，农业办公室认为必要时，可以要求提供有关文件：A. 申请人是个人的，国籍证明；B. 申请人是企业或者其他组织的，其营业所或者总部所在地的证明；C. 外国人、外国企业、外国其他组织的所属国承认中国单位和个人可以按照该国国民的同等条件，在该国享有品种申请权、优先权和其他与品种权有关的权利的证明文件。

在中国境内有经常居所的外国申请人向农业办公室提出品种权申请的

方式则无严格要求，可以委托代理机构申请，也可以自己直接申请，但是应当注意所有申请文件须译成中文，并以中文为准。

外国人、外国企业或其他外国组织向国家林业和草原局提出品种权申请和办理其他品种权事务的，应当委托代理机构办理。申请人委托代理机构向国家林业和草原局申请品种权或者办理其他有关事务的，应当提交委托书，写明委托权限。

二、在中国完成的育种向外国申请品种权

《条例》第19条："中国的单位和个人申请品种权的植物新品种涉及国家安全或重大利益需要保密的，按照国家有关规定办理。"《条例》第26条："中国的单位或个人将国内培育的植物新品种向国外申请品种权的，应当按职责分工向省级人民政府农业、林业行政部门登记。"这样规定是出于国家利益的考虑，由国家主权原则决定的，以防止新品种自由、无序地在国外申请保护而造成我国品种资源的流失，使国家利益蒙受损失。

三、中国单位或者个人向外国人、外国企业或者外国其他组织转让品种申请权或者品种权

中国的单位或者个人就其在国内培育的植物新品种向外国人转让申请权或者品种权的，应当经审批机关批准。审批内容包括，相关育种栽培等技术是否属于国家科学技术秘密、中国禁止出口限制出口技术；向国外转让的植物新品种国家是否允许对外提供等。

行政机关以《中华人民共和国种子法》《中华人民共和国植物新品种保护条例》《中华人民共和国植物新品种保护条例实施细则（农业部分）》《中华人民共和国植物新品种保护条例实施细则（林业部分）》《农作物种质资源管理办法》（2003年农业部令第30号颁布，2004年农业部令第38号修订）《国家秘密技术出口审查规定》《中国禁止出口限制出口技术目录》等法律法规作为依据进行审批。申请人申请审批时应当准备以下材料：《向外国人转让农业植物新品种申请权或者品种权申表》《向外国人转

让农业植物新品种申请权或者品种权情况说明》（包括品种选育过程和方法、亲本来源、品种农艺性状、栽培技术要点、品种选育成本及品种的经济价值。如果连同亲本一并转让的还必须描述亲本的农艺性状）、转让合同文本。

以农业农村部审批为例，审批机关在收到相关材料后，依据按下列顺序办理审批：第一步，材料受理。中国的单位或者个人就其在国内培育的新品种向外国人转让申请权或者品种权时，属于职务育种的，需经省级人民政府农业行政部门审核同意（中央单位需经主管部门审核同意）后报农业农村部审批；属于非职务育种的，直接报农业农村部审批。农业农村部行政审批综合办公室受理申请人报送的《向外国人转让农业植物新品种申请权或品种权申请表》及其相关材料。第二步，项目审查。农业农村部科技教育司会同种植业管理司对申报材料进行审查。第三步，办理批件。农业农村部科技教育司根据审查意见提出审批方案，报经部长审批后办理批件。以上审批程序应当在 20 个工作日内完成，需要专家评审的，评审时间不超过 3 个月。

【本章小结】

育种者要向审批机关提出品种权申请，该申请通过并获得授权后，该品种才是法律意义上的植物新品种，育种者才享有植物新品种权，因此，品种权的申请是育种人享有品种权的必要条件。本章通过比较品种权申请与品种审定，让读者对二者的不同点有清楚的认识。由于每个关于植物新品种申请的具体行为都涉及品种权人的权利和义务，以及有关涉外植物新品种的申请，因此，在学习品种权时，应首先了解品种权申请人资格及申请的流程。在品种权申请之前，申请人必须从经济利益、申请时间、申请国别、申请方式等方面对品种权申请做出全面的考量与抉择，充分考虑优先权、年费、申请成本等各方面因素，以获得最大的经济利益。在申请程序中，申请人的申请工作必须符合申请原则，包括书面原则、单一性原则、优先权原则和先申请原则。同时，申请人的申请方式和提交的材料也必须符合相关规定。在有关涉外植物新品种申请时，出于国家安全、国家秘密以及国内市场稳定的考虑，不同的主体会适用不同的申请程序。

问题与思考

1. 品种权申请与品种审定有哪些不同？
2. 申请人在提出品种权申请之前需要考虑哪些问题？
3. 如何理解品种权申请的原则？
4. 品种权申请需要提交哪些文件？

如何理解新品种的"特异性"？*

【案情简介】

2007 年 2 月 27 日，农业部植物新品种保护办公室对申请人 A 科学院的名为"吉粳 83 号"的品种权申请做出了驳回申请决定。驳回的理由是对"吉粳 83 号"及其近似新品种分别于 2005 年和 2006 年在指定的测试分中心进行了两年的 DUS 田间栽培试验，测试报告结论是申请新品种与近似新品种没有明显区别，不具备《植物新品种保护条例》规定的"特异性"，故对该品种权申请做出驳回决定。

申请人对驳回申请的决定不服，根据《条例》第 32 条的规定，于 2007 年 5 月 25 日向农业部植物新品种复审委员会提起复审请求，其理由是："根据申请人田间观测和省区域实验结果，申请新品种与近似新品种

---

* 农业部科技教育司，最高人民法院知识产权审判庭，农业部管理干部学院. 植物新品种保护案例评析［M］. 北京：法律出版社，2011：52.

的外观非常相像，但是存在性状差异，具体表现在两个新品种的生育期和苗期稻瘟病抗性差异明显；申请人单位所属的生物技术中心的 SSR 结果表明，两个新品种存在差异。"

申请人还提交了"情况说明"，认为提交的申请资料中对新品种的特异性性状描述不够准确，对新品种的抗性描述不够充分，对生育期性状的特点也未做强调说明，直接导致测试结果与申请中的新品种特异性描述不一致。因此，请求针对生育期和苗期稻瘟病抗性进行测试，待得出测试结果后，再由复审委员会作出相应决定。

复审小组在案件审理过程中查阅了"吉粳 83 号"的申请资料，核实了复审请求提交的测试证据，并向当事人询问了有关情况。复审小组认为，由于申请人在申请时对新品种的抗性描述不够充分，对生育期性状的特点也未做强调说明，为慎重起见，复审委员会决定指定测试机构对申请新品种的"特异性"进行补充测试，并于 2008 年和 2009 年在指定的测试分中心增加了两年 DUS 田间栽培试验，对该新品种的相关性状进行补充测试。测试分中心的试验结果表明申请新品种与近似新品种连续两年在剑叶角度（前期）和成熟期性状上有差异，具备特异性。复审委员会认为，测试结果充分反映了申请新品种的特征，测试结果科学可靠，请求人的复审请求理由成立。

复审委员会经审理认为请求人对驳回水稻新品种"吉粳 83 号"品种权申请的复审请求理由成立，并于 2010 年 6 月 30 日作出复审决定，根据《农业部植物新品种复审委员会审理规定》第 27 条规定，撤销农业部植物新品种保护办公室关于驳回"吉粳 83 号"品种权申请的决定。根据《复审规定》第 29 条的规定，恢复对"吉粳 83 号"的品种权申请的实质审查程序。

【案件评析】

《中华人民共和国植物新品种保护条例》第 2 条规定，本条例所称植物新品种，是指经过人工培育的或者对发现的野生植物加以开发，具备新颖性、特异性、一致性和稳定性并有适当的命名的植物新品种。《条例》

第 15 条规定，授予品种权的植物新品种应当具备特异性。特异性，是指申请品种权的植物新品种应当明显区别于在递交申请以前已知的植物新品种。该案中植物新品种保护办公室驳回"吉粳 83 号"品种权申请请求人的理由是该申请新品种与近似新品种没有明显区别，即"吉粳 83 号"新品种不具备"特异性"。因此，"吉粳 83 号"是否具备"特异性"是复审委局会审理该案的关键。

根据《条例》第 32 条的规定，申请人对审批机关驳回品种权申请决定不服的，可以自收到通知书之日起 3 个月内，向复审委员会请求复审。复审委员会委托有关单位组织有针对性的补充测试，最终得出了申请新品种与近似新品种连续两年在剑叶角度（前期）和成熟期性状上有差异的结论。该结论为撤销驳回决定提供了事实依据。

第四章

植物新品种申请的审查与授权

本 章 知 识 结 构

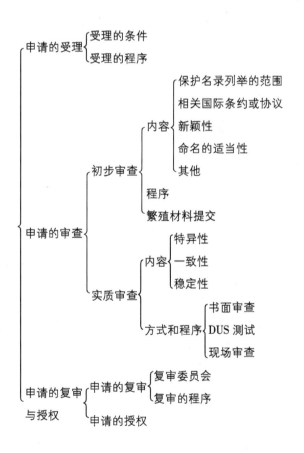

第一节　申请的受理

一、受理的条件

根据我国《条例》的规定，申请品种权的，应当向审批机关提交符合规定格式要求的请求书、说明书和照片，且申请的文件应当使用中文书写。审批机关收到申请文件后，进行形式审查。对符合规定的申请，审批机关应当予以受理，明确申请日、给予申请号；不符合上述规定或经修改仍不符合的，审批机关不予受理并通知申请人。根据两部实施细则的规定，申请文件出现下列情形之一的，审批机关不予受理。

（1）未使用中文的。两部实施细则中都有明确规定，向品种保护办公室提交的各种文件应当使用中文，并采用国家统一规范的科技术语。外国人名、地名和没有统一中文译文的科技术语，应当注明原文。提交的证明文件是外文的，应当附送中文译文，未附送的，视为未提交证明文件。

（2）缺少请求书、说明书或者照片之一的。文件应当齐备，至少应当包括请求书、说明书、品种照片及其说明。委托代理机构申请的，还应当提交代理委托书。要求优先权的，还应当提交要求优先权声明，但是优先权声明的缺少并不会导致申请不被受理。

（3）请求书、说明书和照片不符合规定格式的。有关品种权申请的各种事项，应当以书面形式办理。以口头、电话、实物等非书面形式办理的手续均无效。根据《细则（农业部分）》的规定，当事人向品种保护办公室提交的各种文件应当打印或印刷，字迹呈黑色，并整齐清晰。但是根据《细则（林业部分）》的规定，当事人提交的各种文件可以打印，也可以使用钢笔或毛笔书写，字迹整齐清晰。申请文件的文字应当横向书写，纸张只限单面使用。申请文件一式两份，同时提交电子文档。

（4）字迹不清或者有涂改的。

（5）缺少申请人和联系人姓名（名称）、地址、邮政编码或者不详的。

（6）是委托代理申请但缺少委托书的。

另外，还需注意，提交文件的方式也要符合规定。当事人提交各种材料时，可以直接提交，也可以邮寄。邮寄时，应当使用挂号信函，不得使用包裹，一件信函中应当只包含同一项申请的相关材料。申请人在申请前，应认真准备申请文件，避免因文件不合格而导致审批机关不予受理，最终延误申请时间而造成损失。

二、受理的程序

审批机关收到申请人提交的文件后，应当在 1 个月以内完成形式审查并发出是否受理的通知。申请人自己在审批机关业务办理窗口提交文件的，审批机关当面通知申请人；申请人以邮寄形式提交文件的，审批机关以挂号信形式将通知送交给当事人；申请人委托代理机构提交申请文件的，审批机关直接送交或以挂号信形式邮寄给代理机构。申请人提交的请求书、说明书、照片及简要说明符合规定的，审批机关应当予以受理。对于不符合受理条件的申请，审批机关通知申请人在 1 个月内予以修改并重新提交，修改后仍不合格的，审批机关不予受理并通知申请人。

审批机关受理品种权申请后，应当确定申请日。审批机关收到申请文件之日为申请日；申请文件是邮寄的，以寄出的邮戳日为申请日，邮戳不清晰的，除当事人能够证明外，以审批机关收到日为申请日。同时，审批机关应根据收到申请文件的先后顺序给予每项申请一个确定的申请号，便于后续的审查与授权。

审批机关受理品种权申请的，应当发布申请公告，公告期为 1 个月，并在公告期内向申请人发送受理通知书，并通知申请人缴纳申请费。受理通知书中包括申请人信息、品种暂定名称、申请日、申请号等信息，还包括申请人提交的各种申请文件的记载等。2017 年 3 月，我国国家财政部门为减轻企业和个人负担，促进实体经济发展，发布《关于清理规范一批行政事业性收费有关政策的通知》，停征植物新品种保护权收费。随后，农业农村部和国家林业和草原局相继发布公告——自 2017 年 4 月 1 日起，停征植物新品种权的申请费、审查费和年费。因此，申请人不再需要缴纳申请费，也不会因未缴纳申请费而导致申请视为撤回的结果。

第二节　申请的审查

根据《条例》的规定，植物新品种是经过人工培育的或对发现的野生植物加以开发，具备新颖性、特异性、稳定性和一致性并有适当命名的植物品种。其中，新颖性、特异性、一致性、稳定性和适当命名既是植物新品种的特征，又是植物新品种的授权条件，只有满足了这些条件，申请的品种才能被认定为植物新品种，申请人才能获得品种权。除此之外，申请品种权的植物新品种还应当在国家公布的植物品种保护名录中。

一、初步审查

（一）初步审查的内容

根据《条例》第 27 条的规定，审批机关对品种权申请的下列内容进行初步审查："（一）是否属于职务品种保护名录列举的植物属或种的范围；（二）是否符合本条例第 20 条的规定；（三）是否符合新颖性的规定；（四）植物新品种的命名是否适当。"

1. 是否属于职务品种保护名录列举的植物属或种的范围

《条例》第 13 条规定："申请品种权的植物新品种应当属于国家植物品种保护名录中列举的植物的属或种。植物品种保护名录由审批机关确定或公布。"依据上述规定，植物品种保护名录由国家林业和草原局和农业农村部根据需要分别发布。只有国家植物品种保护名录中列举的品种才能申请植物新品种权，不在范围内的品种不能申请。对于那些不在保护名录中但有良好市场前景和效益预期的植物品种，相关培育人员可以书面形式向品种保护办公室提出建议将其列入品种保护名录。

75

UPOV 公约 1978 年文本对受保护品种的范围作了规定，第 4 条第 3 款："（a）每个联盟成员国自本公约在其领土生效之日起，应至少对五个属或种实施本公约的规定。（b）随后，每个联盟成员国于自本公约在其领土生效之日起的以下期限内，应对更多的属或种实施本公约的规定：（Ⅰ）三年内至少有十个属或种；（Ⅱ）六年内至少有十八个属或种；（Ⅲ）八年内至少有二十四个属或种。"受保护品种的范围受众多因素的影响：一方面，要将某品种纳入保护范围，必须要有相应的技术作支撑，如果没有相应的测试指南和测试条件，就无法对申请人提出申请的品种进行测试和审查；另一方面，受保护品种的范围也体现着国家的育种能力和农林业的发展水平，各国应根据本国的发展战略需要来决定受保护品种的范围。我国根据公约的规定，分批次公布植物品种保护名录，逐渐扩大受保护品种的范围。目前，农业农村部先后公布十批保护名录，农业植物品种保护范围达到 138 个属或种，国家林业和草原局先后公布六批保护名录，林业植物品种保护范围达到 206 个属或种，我国植物品种的保护范围已远远超过公约的最低要求。❶

2. 是否有相关国际条约或协议

《条例》第 20 条规定，外国人、外国企业或外国其他组织在中国申请品种权的，应当按其所属国和我国签订的协议或共同参加的国际条约办理，或根据互惠原则依照条例办理。因此，外国申请人在中国申请品种权的，审批机关应当审查外国申请人是否是按其所属国和中国签订的协议或共同参加的国际条约、或根据互惠原则来进行申请的。审批机关对外国申请人的国籍、营业所或总部所在地有疑问的，可以要求其提供相关证明。外国申请人在中国有经常居所或营业所的，审批机关可以要求其提供当地公安机关或工商行政部门出具的相关证明文件。外国申请人在中国没有经常居所或营业所的，审批机关应当审查申请人的所属国是否是 UPOV 联盟成员国、是否同我国签订相关协议或其所属国法律是否有依互惠原则给外

---

❶ 植物品种保护名录详见植物新品种保护办公室门户网站。

国人新品种保护的规定，如果上述情况均为否定，审批机关可以要求外国申请人提供所属国承认中国公民和法人可以按照该国国民的同等条件，在该国享有品种权和其他有关权利的证明文件。外国申请人不能提供该文件的，以不符合《条例》第 20 条为由，驳回该外国申请人的品种权申请。

当申请人是外国人、外国企业或外国其他组织，审批机关在初步审查时需要审查所属国和我国是否签订相关协议或共同参加相关国际条约，没有协议或国际条约的，依照互惠原则办理。互惠原则是国际法上的一项基本原则，指两个国家之间相互给对方国家公民以优惠待遇或权利。例如，我国与甲国签订了有关植物新品种申请的互惠条约，当甲国公民向我国申请植物新品种，我国审批机关应当依据该互惠条约给予甲国公民相应的优惠待遇，同样的，当我国公民向甲国申请植物新品种，甲国审批机关也应当依据互惠条约给予我国公民优惠待遇。我国加入的有关植物新品种的国际条约主要是 UPOV 公约和 TRIPs 协定。UPOV 公约中规定了"国民待遇"，缔约方的国民以及自然人居民和在缔约方领土内有注册办事处的法人，就育种者权利的授予和保护而言，在缔约方各自领土内，相互享有另一缔约方根据法律所给予或将给予其自己的国民同等的待遇。例如，我国和乙国同是 UPOV 公约的缔约方，在植物新品种保护上，乙国给予自己国家公民怎样的权利和待遇，也应该给予我国国民相同的权利和待遇，我国同样也要给予乙国国民和我国国民相同的待遇。TRIPs 协定中规定了"最惠国待遇"，即在知识产权的保护上，一成员国对其他任何成员国国民给予的任何利益、优惠、特权或豁免，应立即无条件地给予所有其他成员国国民。例如，我国和丙国都是 TRIPs 协定的成员国，在植物新品种授权中，我国给予丙国国民一定的优惠待遇，那么我国也应当立即无条件地给予 TRIPs 协定所有其他成员国国民同样的优惠待遇。

3. 是否符合新颖性的规定

《条例》第 14 条规定："授予品种权的植物新品种应当具有新颖性。新颖性是指申请品种权的植物新品种在申请日前该品种繁殖材料未被销售，或者经育种者许可，在中国境内销售该品种繁殖材料未超过 1 年；在中国境外销售藤本植物、林木、果树和观赏树木品种繁殖材料未超过 6 年，销售其他品种繁殖材料未超过 4 年。"以上关于新颖性的界定与 UPOV 公约 1978 年文本的规定是一致的。此外，UPOV 公约 1978 年文本对新颖性还作了特别的规定："与提供出售或在市场销售无关的品种的试种，不影响保护权。以提供出售或市场销售以外的方式成为已知品种的事实，不影响育种者的保护权。"这说明，利用新品种与其他品种进行与销售无关的试种行为，及通过销售以外的方式使新品种公之于众的行为都不影响该品种的新颖性。我国植物品种保护名录的范围逐渐扩大，为了保证育种者就新列入保护名录的品种申请品种权的顺利进行，国家对新列入保护名录的品种的新颖性认定给予特别的宽限期。两部实施细则中都有相同的规定：列入植物新品种保护名录的植物属或种，从名录公布之日起 1 年内提出的品种权申请，凡经过育种者许可，申请日前在中国境内销售该品种的繁殖材料未超过 4 年，视为具有新颖性。例如，"南天竹"属于 2016 年 11 月 30 日起施行的林业植物新品种保护名录（第六批）中的一个植物的属。申请人如果在 2016 年 11 月 30 日至 2017 年 11 月 29 日任何一天（假定是 2017 年 6 月 18 日）向国家林业和草原局植物新品种保护办公室申请授予南天竹某品种植物新品种权，只要该品种经育种者许可在 2013 年 6 月 19 日前未被销售过，就符合新颖性宽限期的规定，认为该品种具备新颖性。

判定新颖性的重要依据是品种是否销售。上述条款规定的销售是一种商业活动，不论其销售数量和销售金额如何，只要有经济行为，就构成"销售"。《细则（农业部分）》第 15 条对"销售"作了具体规定："（一）以买卖方式将申请品种的繁殖材料转移他人；（二）以易货方式将申请品种的繁殖材料转移他人；（三）以入股方式将申请品种的繁殖材料转移他人；（四）以申请品种的繁殖材料签订生产协议；（五）以其他方式销售的情形。"同时，该条款也对"育种者许可销售"作了具体规定："（一）育种者自己销售；（二）育种者内部机构销售；（三）育种者的全资或参股企业销售；（四）农业部规定的其他情形。"审批机关在审查新颖性时，有权要求申请人说明该品种在申请日前的商业销售情况。审批机关可以在任何领域检索其销售行为，也可通过公众的异议审查新颖性。审批机关经过审查发现该品种不具备新颖性，则驳回该品种权申请。

4. 命名是否适当

授予品种权的植物新品种应当具备适当名称，并与相同或相近的植物属或种中已知品种的名称相区别，该名称经过注册登记后即为该植物新品种的通用名称。根据《条例》第 18 条的规定，下列名称不得用于品种命名："（一）仅以数字组成的；（二）违反社会公德的；（三）对植物新品种的特征、特性或育种者身份等容易引起误解的。"两部实施细则对植物新品种的命名也作了细化和补充，《细则（农业部分）》第 18 条规定了不得作为新品种命名的 8 种情形："（一）仅以数字组成的；（二）违反国家法律或社会公德或带有民族歧视性的；（三）以国家名称命名的；（四）以县级以上行政区划的地名或公众知晓的外国地名命名的；（五）同政府间国际组织或其他国际国内知名组织及标识名称相同或近似的；（六）对植物新品种的特征、特性或育种者身份等容易引起误解的；（七）属于相同或近似植物属或种的已知名称的；（八）夸大宣传的。"《细则（林业部分）》第 13 条规定了不得作为新品种命名的 5 种情形："（一）违反国家法律、行政法规规定或者带有民族歧视性的；（二）以国家名称命名的；（三）以县级以上行政区划的地名或者公众知晓的外国地名命名的；（四）同政府间国际组织或者其他国际知名组织的标识名称相同或者近似的；（五）属于相同或者相近植物属或者种的已知名称的。"

另外，根据 UPOV 公约 1978 年文本第 13 条对品种名称的专门规定，一个品种在所有的联盟成员国必须以同一种名称提出，品种应以通用的名称命名，但品种名称又必须能识别品种，且不得影响第三者的在先权。当品种提供出售或市场销售时，应准予登记的品种名称与商标、商品名称和其他类似的标志连用，若连用这类标志，则该品种名称应易于识别。《条例》和公约这样规定一方面是为了使植物新品种与已知品种相区别，另一方面是为了避免和他人的在先权利冲突。

除了以上明文规定的情形，申请人还要注意在品种名称中不要使用在其他行业或社会上广泛使用的日常用语、商业广告用语及有特定含义的用语。如果没有适当命名，品种权申请在初审时就会被驳回或者被迫改名而影响申请进度。

另外，根据《细则（农业部分）》和品种权申请实践，审批机关还应当对以下内容进行初步审查。

（1）申请人选择的近似品种是否适当。

（2）申请品种的亲本或其他繁殖材料来源是否公开。

（3）申请品种是否危害公共利益和生态环境。

（4）申请人提出的优先权请求是否真实。申请人要求优先权的，应当在申请时提出书面说明，并在3个月内提交经原受理机关确认的第一次提交的品种权申请文件的副本，未按规定提出书面说明或提交申请文件副本的，视为未要求优先权。当事人按规定提交优先权文件的，审批机关对其真实性进行初步审查。

（二）初步审查的程序

审批机关应当自受理品种权申请之日起6个月内完成初步审查。对经初步审查不合格的品种权申请，审批机关应当通知申请人在3个月内陈述意见或予以修正。申请人逾期不答复或修正后仍不合格的，审批机关驳回其申请。

对经初步审查合格的品种权申请，审批机关予以公告，并向申请人发送初步审查合格的通知。初步审查合格的有3个月公告期，初步审查公告的内容包括品种暂定名称、申请日、申请号、公告日、公告号、培育人、申请人信息、代理机构及代理人信息、品种来源、申请日前销售情况等。根据《条例》的规定，申请人应在初审公告期内缴纳审查费，未按规定缴纳的，品种权申请视为撤销。由于自2017年4月1日起，停征品种权申请的审查费，所以申请人不再需要缴纳审查费，也不会因未缴纳审查费而导致申请视为撤回的结果。

（三）繁殖材料的提交

根据两部实施细则的规定，审批机关认为必要的，可以通知申请人送交申请品种和近似品种的繁殖材料，用于申请品种的审查和检测，申请人应当自收到审批机关通知之日起 3 个月内送交繁殖材料和必要的资料。但是农业农村部于 2017 年 4 月 28 日发布《关于变更提交繁殖材料方式的通知》，其中规定农业农村部品种保护办公室不再向申请人或代理人寄发有关提交繁殖材料的通知。申请人应当自收到受理通知之日起，3 个月内向保藏中心提交申请品种的繁殖材料，用于田间测试和保藏。如需要提交近似品种和无性繁殖植物品种的繁殖材料，农业农村部品种保护办公室将另行通知。繁殖材料的数量与质量应符合农业农村部品种保护办公室相应公告对该植物种类的要求。综合上述规定来看，在繁殖材料的提交方式上，农业植物新品种权申请人收到受理通知后，3 个月内自行提交繁殖材料；林业植物新品种保护办公室认为必要的，通知申请人 3 个月内提交繁殖材料。

　　申请人送交的申请品种繁殖材料应当与品种权申请文件中所描述的繁殖材料相一致，并符合下列要求："（一）未遭受意外损害；（二）未经过药物处理；（三）无检疫性的有害生物；（四）送交的繁殖材料为籽粒或果实的，籽粒或果实应当是最近收获的。"申请人送交的繁殖材料应当依照有关规定实施植物检疫，检疫不合格或未经检疫的，保藏中心或测试机构不予接收。根据对两部实施细则相关规定的理解，向农业植物新品种保护办公室提交的繁殖材料绝对不能经过药物处理；向林业植物新品种保护办公室提交的繁殖材料在特定情况下可以经药物处理，如果已经进行了药物处理，应当附有使用药物的名称、使用的方法和目的。

　　申请人送交的繁殖材料为籽粒或果实的，应当送至保藏中心；送交种苗、种球、块茎、块根等无性繁殖材料的，应当送至品种保护办公室指定的测试机构。申请人送交的繁殖材料数量少于品种保护办公室规定的，保藏中心或者测试机构应当通知申请人，申请人应自收到通知之日起 1 个月内补足。特殊情况下，申请人送交了规定数量的繁殖材料后仍不能满足测试或者检测需要时，品种保护办公室有权要求申请人补交。保藏中心或者测试机构收到申请人送交的繁殖材料后应当出具书面证明，并在收到繁殖材料之日起 20 个工作日内（有休眠期的植物除外）完成生活力等内容的检测。检测合格的，应当向申请人出具书面检测合格证明；检测不合格的，应当通知申请人自收到通知之日起 1 个月内重新送交繁殖材料并取回检测不合格的繁殖材料，申请人到期不取回的，保藏中心或者测试机构应当销毁。

二、实质审查

初审公告后，审批机关对申请品种的特异性、一致性和稳定性进行实质审查。审批机关进行实质审查时，主要依据申请文件和其他有关书面材料进行书面审查，必要时可以委托指定的测试机构进行测试或者考察业已完成的种植或其他试验结果。因此，实质审查方式包括书面审查、DUS 测试和现场考察。

（一）实质审查的内容

1. 特异性

UPOV 公约 1978 年文本第 6 条对"特异性"是这么规定的："不论原始变种的起源是人工的，还是自然的，在申请保护时，该品种应具有一个或数个明显的特性有别于已知的任何其他品种。'已知'的存在可参考以下因素：已在进行栽培或销售，已经或正在法定的注册处登记，已登在参考文献中或已在刊物中准确描述过。使品种能够确定和区别的特性，必须是能准确辩认和描述的。"根据上述规定，"已知品种"的判定包括：品种的活体植物材料是否栽植于对公众开放的园圃中；品种的繁殖材料或收获材料是否已经商品化；品种是否在任一国家申请育种者权利或列入官方登记；品种的详细描述是否已经公布；已知品种不受国界或地理边界的限制。所以，从理论上说"已知品种"是全世界范围内任一国家"公知公用"的品种。❶

我国《条例》第 15 条规定："授予品种权的植物新品种应当具备特异

---

❶ 刘平，陈超. 植物新品种保护通论［M］. 北京：中国农业出版社，2011：70.

性。特异性是指申请品种权的植物新品种应当明显区别于在递交申请以前已知的植物品种。"例如，某育种者培育出了一种绿色荷花，而在此之前，从未出现过绿色荷花，这种情况下，"绿色"就是该荷花品种与其他已知荷花品种的"明显区别"，我们可以认为该绿色荷花品种具有特异性。根据《细则（农业部分）》的规定，在我国，"已知品种"包括品种权申请初审合格公告的品种、通过品种审定的品种或已经推广应用、相关社会大众公知公用的品种。申请授权的品种应当与"已知品种"有明显区别，才能被认定为具备特异性。由于品种权的地域性，品种权只在本国范围内有效，如果要得到另一国家的保护，还需要在该国另行申请，因此，在品种保护的申请审查中，"已知品种"一般是在本国范围内考察。但是，根据UPOV公约的规定和我国《条例》对植物新品种的界定，直接从国外引进的品种尽管不属于国内的"已知品种"，仍然不能申请品种权。申请人就直接从国外引进的品种申请品种权的，不认为其具备特异性，审批机关将驳回授权申请。

对申请授权的品种的特异性进行审查时，要将申请授权的品种与已知品种进行对比。由于已知品种繁多，审批机关将申请授权的品种和所有已知品种进行对比难度太大，因此审批机关仅对申请授权的品种与近似品种进行对比。近似品种是在所有已知品种中，相关特征或特性与申请品种最为相似的品种。申请人在申请时根据繁殖方法和特性选择几种近似品种，并在申请品种权的说明书中说明选择的近似品种及选择理由。审批机关审查申请品种的特异性，对申请品种和近似品种进行对比。如果申请品种具备特异性，则符合授权对特异性的要求；如果申请品种不具备特异性，则驳回申请。

2. 一致性

UPOV公约1978年文本对一致性的规定为："就该品种的有性或无性繁殖特性而言，必须是充分均质或一致的。"该条款规定较为简单，文本也未对一致性再作解释。根据我国《条例》及《细则（农业部分）》的规定，一致性是指申请品种权的植物新品种经过繁殖，除可以预见的变异外，其相关特征或特性一致。"相关特征或特性"是指至少包括用于特异性、一致性和稳定性测试的性状或授权时进行品种描述的性状。简单来说，一致性就是同一品种的每一个个体植株在外观生物学形态特征上是一致的，没有明显差异。例如，上例中的绿色荷花品种，在进行 DUS 测试时，需要对其花色、花期、根茎表面的形状等性状进行审查，如果经过几代繁殖，该绿色荷花品种的这些性状保持不变，没有明显差异，则认为该品种具备一致性。当然，如果因为可预见的变异导致"不一致"，也不能说明该品种不具有"一致性"。此外，对申请品种的一致性进行审查时，需要考虑植物的繁殖方式和育种方法，不同的育种方法对植物变异有不同影响。

3. 稳定性

授予品种权的植物新品种应当具备稳定性。根据《条例》第 17 条的规定，稳定性是指申请品种权的植物新品种经过反复繁殖后或在特定繁殖周期结束时，其相关特征或特性保持不变。"相关特征或特性"也是指至少包括用于特异性、一致性和稳定性测试的性状或授权时进行品种描述的性状。该规定与 UPOV 公约 1978 年文本的规定一致。简单来说，同一品种的生物学形态特征经过繁殖而保持不变，则认为该品种具有稳定性。例如，上述所说的绿色荷花品种，在进行 DUS 测试时，需要对其花色、花期、根茎表面的形状等性状进行审查，在经过几代繁殖之后，后代和前代的这些性状保持不变，则认为该绿色荷花品种具有稳定性。需特别注意，一致性和稳定性的审查不仅仅考察用于特异性测试的性状，还应当考察授权时进行品种描述的性状。一致性和稳定性的区别在于：一致性是在一个品种群体中对每个个体植株进行比较，不区分前代和后代，只要生物学形态特征没有明显差异，就认为具备一致性；而稳定性主要是对品种的前代和后代进行比较，如果后代的生物学形态特征与前代保持不变，则认为具备稳定性。

（二）实质审查的方式与程序

UPOV 公约 1991 年文本明确指出："审查中，受理主管机关可种植该品种或进行其他必要测试，促使该品种进行种植或其他必要的测试，或考虑种植测试结果或其他已进行试种的结果。为进行审查，受理方可以要求育种者提供一切必要的信息、文件或材料。"根据以上规定，我们将实质审查的方式分为书面审查、DUS 测试和现场审查。

1. 书面审查

根据我国《条例》的规定，审批机关进行实质审查以书面形式为主，主要依据请求书、说明书、照片及其说明等文件进行审查，必要时，审批机关可以邀请有关专家加入审查。申请品种在境外经过测试的，可以向境外审批机构购买测试报告。如果书面材料足以说明申请品种是否具有"三性"，则根据书面材料就能做出授权与否的决定；如果根据书面材料不能判定申请品种是否具有"三性"，审批机关可以委托指定的测试机构进行测试或派员考察已经完成的种植或其他试验结果。这样规定的目的是在保证审查质量的基础上提高审批效率，节约审查的费用成本和时间成本。

2. DUS 测试

DUS 测试是对申请品种的繁殖材料进行关于特异性、一致性和稳定性的栽培试验或室内分析的过程，根据试验结果，判定申请品种是否具有"三性"。书面审查不能确定申请品种是否符合授权条件，且申请品种具备测试条件的，审批机关对申请品种进行 DUS 测试。审批机关对每个列入保护名录的植物的属或种有单独的 DUS 测试指南，DUS 测试指南中对各属或种可预见的变异均有相应的规定。对申请品种"三性"的审查，主要依据 DUS 测试指南的规定，由审批机关指定专门测试机构对申请品种的相关性状进行测试。测试员根据测试的品种制定 DUS 测试的设计，进行种植并做出观察和评价，最后完成 DUS 测试报告。DUS 测试中，需要将待测试品种与近似品种及标准品种一起种植开展测试，按具体差异判断标准和选择的近似品种及标准品种相对比来进行判定 DUS 三性。测试机构将 DUS 测试报告递交主管机关，由主管机关决定是否授权。

申请人按照规定缴纳测试费，并将合格的繁殖材料送交品种保护办公室保藏中心或品种保护办公室指定的测试机构。保藏中心收到繁殖材料后，将检测合格的申请品种和近似品种的繁殖材料及标准品种的繁殖材料移送测试机构，一般情况下，测试机构对繁殖材料进行至少两个连续相同季节的生长周期的测试。测试的条件应能保证测试品种植株的正常生长及其性状的正常表达，每个品种一般在一个测试点进行测试，有特殊要求的可以进行多点测试。DUS测试完毕后，测试机构作出测试报告。审批机关对测试报告进行审核，有疑问的，可要求测试人员提供田间测试的原始数据，分析测试报告的正确性。对于已经完成DUS测试指南规定的测试的申请品种，审批机关认为需要进一步测试的，应及时提出补充测试名单。对于有测试指南的测试品种，其DUS测试应当按照测试指南和测试技术手册来进行测试；对于没有测试指南的测试品种，可以利用UPOV其他成员国的DUS测试经验或研制新的DUS测试程序来进行测试。

在申请实践中，DUS测试也存在着一些问题：首先，时间成本高。一般情况下，DUS测试需要经过至少2年的重复观察，测试结果易受生长环境、病虫害、自然灾害等因素的影响，因此，测试所需的时间长，申请审批的效率较低。其次，人力成本高。对申请品种进行测试时，需要栽培申请品种、近似品种和标准品种，并对多个性状进行测试和对比，工作量大，花费人工较多。最后，测试难度大。大多数性状不只是由一个基因控制，而是多基因控制，且性状的表现易受环境影响，一旦基因发生变异，则是连续变异，导致性状分级不明显，因此，要有一个准确的对比测试结果难度较大。

3. 现场审查

审批机关依据书面审查结果难以作出授权与否决定，且申请品种不具备测试条件的，审批机关从专家库中选择3名以上专家组成专家组，对申请品种进行现场审查。专家现场审查需在评价品种的最佳时间，测试地点一般是育种者的试验点，如温室或田间，种植方式是盆栽、移栽或播种。现场审查中，专家根据测试指南、申请文件中的相关信息安排测试，比较测试品种与近似品种及标准品种的性状。专家现场审查需要准备申请文件、测试结果报告表格、特征记录表、测试指南和测试技术手册、近似品种和标准品种的性状描述等材料，同时需要询问育种者有关育种过程、育种方法、选择方法和材料的来源等信息。现场审查中，专家应当确保测试品种是申请品种并与申请品种的照片进行核对，并检查试验条件使之符合测试指南的要求，保证植株数量及近似品种合适，通过观察和测量申请人提供的植物材料评价测试品种的每一个性状，从而判定测试品种的特异性、一致性和稳定性。

审批机关根据实质审查结果，判定申请品种具有特异性、一致性和稳定性，且没有其他驳回理由的，认定申请品种是植物新品种，授予申请人品种权。审批机关根据实质审查结果，发现申请品种不符合授权条件的，国家林业和草原局品种保护办公室和农业农村部品种保护办公室有不同的规定：根据《林业植物新品种权申请审查规则》，实质审查不能满足 DUS 条件要求的，驳回申请并通知申请人或代理人；根据《细则（农业部分）》的规定，品种保护办公室可以根据审查的需要，要求申请人在指定期限内陈述意见或补正，申请人逾期未答复的，视为撤回申请。申请人陈述意见或补正后，仍不符合规定的，予以驳回，并通知申请人或代理人。

品种权申请的审查工作应当接受社会监督。审查人员认为自己与该品种权申请有利害关系的，应当自行回避。审查人员有下列情形之一的，当事人或其他利害关系人可以要求其回避："（一）是当事人或其代理人的近亲属；（二）与品种权申请或品种权有直接利害关系的；（三）与当事人或其代理人有其他利害关系，可能影响公正审查的。"审查人员的回避由品种保护办公室决定，回避申请未获批准前，审查人员不得终止履行职责。

第三节 申请的复审与授权

一、申请的复审

根据《条例》的规定，审批机关设立植物新品种复审委员会（以下简称复审委员会）。对审批机关驳回品种权申请不服的，不论是初步审查后的驳回决定还是实质审查后的驳回决定，申请人可以自收到驳回通知之日起3个月内，向复审委员会请求复审。复审委员会应当自收到复审请求书之日起6个月内作出决定，并通知申请人。

（一）复审委员会

审批机关设立复审委员会，负责审理驳回品种权申请的复审案件、品种权无效宣告案件和新品种更名案件。复审委员会由有经验的技术人员、植物育种专家、法律专家和行政管理人员组成。国家林业和草原局复审委员会主任委员由国家林业和草原局主要负责人指定，农业农村部复审委员会主任委员由农业农村部主管领导兼任。国家林业和草原局复审委员会下设林木组、经济林组、观赏植物组和竹藤组，农业农村部复审委员会下设大田作物组、果树组、观赏植物及草类组和蔬菜作物组。各复审小组由若干名复审委员组成，负责复审案件的具体审理工作。根据案件审理的需要，复审委员会可以邀请其他专家对案件涉及的内容提供咨询意见，或者委托有关单位进行技术性鉴定。

向复审委员会提出办理品种权相关事务的方式与品种权申请的方式相同。中国的单位或个人向复审委员会请求复审、无效宣告或新品种更名的，可以直接或委托品种权代理机构向复审委员会提出请求，并提交符合规定格式要求的相关文件。外国人、外国企业或者外国其他组织，不论在中国是否有经常居所，向国家林业和草原局复审委员会请求复审、无效宣告或新品种更名的，应当委托代理机构办理。在中国没有经常居所的外国人、外国企业或者外国其他组织，向农业农村部复审委员会请求复审、无效宣告或新品种更名的，应当委托代理机构办理。中国有经常居所的外国人、外国企业或者外国其他组织，向农业农村部复审委员会请求复审、无效宣告或新品种更名的，可以直接提出，也可以委托代理机构办理。委托代理机构办理的，应当提交代理委托书，代理委托书应当载明代理内容、委托权限。

复审委员会应当依法公正、客观地审理案件。在复审程序和无效宣告程序中，复审委员认为自己与本案件有利害关系的，应当申请回避。当事人认为复审委员与本案件有利害关系或者其他关系可能影响公正审理的，在审理决定作出前，有权要求相关人员回避。农业农村部复审人员的回避由主任委员决定，国家林业和草原局复审人员的回避由国家林业和草原局决定。复审人员的回避主要包括下列情形："（一）复审人员是当事人或其代理人的近亲属；（二）复审人员与品种权申请或品种权有直接利害关系的；（三）复审人员与当事人或其代理人有其他利害关系，可能影响公正审查的。"

（二）复审的程序

关于品种权申请的复审程序，农业农村部有专门的规定，国家林业和草原局则是在《细则（林业部分）》中有少量规定。《细则（林业部分）》第 38 条："国家林业局植物新品种复审委员会（以下简称复审委员会）由植物育种专家、栽培专家、法律专家和有关行政管理人员组成。复审委员会主任委员由国家林业和草原局主要负责人指定。植物新品种保护办公室根据复审委员会的决定办理复审的有关事宜。"第 39 条："依照《条例》第三十二条第二款的规定向复审委员会请求复审的，应当提交符合国家林业局规定格式的复审请求书，并附具有关的证明材料。复审请求书和证明材料应当各一式两份。申请人请求复审时，可以修改被驳回的品种权申请文件，但修改仅限于驳回申请的决定所涉及的部分。"第 40 条："复审请求不符合规定要求的，复审请求人可以在复审委员会指定的期限内补正；期满未补正或者补正后仍不符合规定要求的，该复审请求视为放弃。"第 41 条："复审请求人在复审委员会作出决定前，可以撤回其复审请求。"

依据《农业部植物新品种复审委员会审理规定》，申请人对驳回品种权申请的决定不服的，可以自收到通知之日起 3 个月内向复审委员会提交复审请求书，请求复审。复审委员会收到复审请求后，由秘书处对复审请求书进行形式审查，形式审查内容包括："（一）复审请求应当属于新品种保护办公室在初步审查或者实质审查中驳回的品种权申请；（二）复审请求不应当属于复审委员会已经审理并作出审理决定，请求人又以同一事实和理由提出的复审请求；（三）复审请求人应当是被驳回品种权申请的全体申请人；（四）复审请求的期限应当符合规定；（五）复审请求书应当符合规定的格式并附具相关证明材料，且各文件材料一式两份；（六）复审请求中对被驳回的品种权申请文件的修改，仅限于驳回申请决定所涉及的部分；（七）委托代理机构办理的，应当提交代理委托书并写明委托权限等。"不符合上述规定的复审请求，秘书处应当通知复审请求人在指定的期限内补正，逾期不补正的，该复审请求视为撤回。

对形式审查合格的复审请求，秘书处可以直接交由复审小组审理，也可以交由新品种保护办公室进行"前置审查"。进行前置审查的，新品种保护办公室应当自收到案卷之日起30日内（特殊情况除外）提出审查意见。前置审查意见分以下三种："（一）复审请求证据充分，理由成立，同意撤销原驳回申请的决定；（二）复审请求人提交的申请文件修改文本克服了原申请中存在的缺陷，同意在修改文本的基础上撤销原驳回申请的决定；（三）复审请求人陈述的意见和提交的申请文件修改文本不足以使原驳回申请的决定被撤销，坚持原驳回申请的决定。"新品种保护办公室作出前两种审查意见，复审委员会不再进行审理，可以据此作出审理决定。新品种保护办公室作出第三种审查意见，由复审小组继续进行审理。

复审请求人在复审委员会作出审理决定前可以撤回复审请求，复审程序终止。复审委员会应当自收到复审请求书之日起6个月内完成复审，根据前置审查意见或复审小组的审理结果作出审理决定。审理决定分为以下三种："（一）复审请求的理由不成立，维持原驳回申请的决定，驳回复审请求；（二）复审请求的理由成立，撤销原驳回申请的决定；（三）品种权申请文件经复审请求人修改，克服了原驳回申请的决定所指出的缺陷，在新的文本基础上撤销原驳回决定。"申请人对复审委员会的决定不服的，可以自接到通知之日起15日内向法院提起诉讼。复审委员会作出的审理决定，改变新品种保护办公室作出的审查决定的，应当及时通知新品种保护办公室执行复审委员会的审理决定，新品种保护办公室不得以同一事实和理由再次作出与原驳回决定相同的决定，并且继续进行审批程序（见图4-1）。

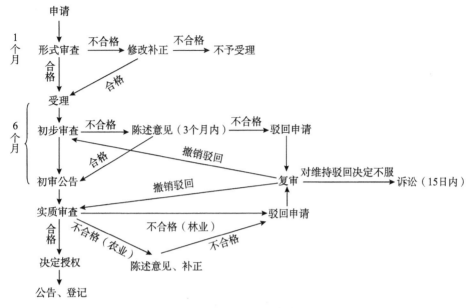

图4-1 植物新品种权申请流程

二、申请的授权

对经实质审查符合《条例》及相关实施细则规定的品种权申请，新品种保护办公室拟定授权签报，并附专家现场审查报告或测试报告，报国家林业和草原局或农业农村部审批。国家林业和草原局或农业农村部应当作出授予品种权的决定，并予以登记和公告。林业植物新品种权的申请人应当自收到通知之日起3个月内领取品种权证书，办理相关手续，逾期未领取品种权证书的，视为放弃品种权（有正当理由的除外）。林业植物新品种权自作出授权决定之日起生效。农业植物新品种权的申请人应当自收到通知之日起2个月内办理相关手续，按期办理的，授予品种权，颁发品种权证书，并予以公告；期满未办理的，视为放弃品种权。农业植物新品种权自授权公告之日起生效。

在品种权申请的过程中，任何人在规定的异议期内均可以对不符合单一性原则的申请、不符合先申请原则的申请和不符合授权条件的申请向品种保护办公室提出异议，并提供相关证据和说明理由。未提供证据的，品种保护办公室不予受理。林业植物新品种权申请的异议期是自品种权申请公告之日起至授予品种权之日前；农业植物新品种权申请的异议期是自品种权申请之日起至授予品种权之日前。

【本章小结】

本章对品种权申请的审批程序作了详细介绍，目的是让读者对品种权的来源有更清晰的认识，同时为读者提供实务上的指导。审批机关收到申请人提交的申请材料后，需要作出是否受理的决定。对于材料不符合要求的申请，退回申请人，对于材料符合要求的申请，作出受理决定。审批机关受理申请后，需要对申请进行初步审查和实质审查，需要特别注意的是，初步审查和实质审查的内容就是植物新品种的特征和申请条件。初步审查即形式审查，主要审查申请品种的新颖性和命名的适当性等问题。实质审查即对申请品种特异性、一致性和稳定性进行审查。同时，实质审查的方式与初步审查不同，并不局限于书面审查，还包括 DUS 测试和实地考察。对于审查符合条件的品种权申请，审批机关予以授权，申请人完成一定手续即享有品种权。对于审查不符合条件的品种权申请，审批机关予以驳回，申请人不服的，可以提出复审或诉讼。

 问题与思考

1. 审批机关受理品种权申请的条件有哪些？
2. 审批机关对品种权申请初步审查的内容有哪些？
3. 审批机关对品种权申请实质审查的内容有哪些？

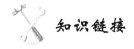

DUS 测试的程序和方法[*]

DUS 测试主要包括三个程序：DUS 测试的设计；种植、观察和评价；撰写 DUS 测试报告。

DUS 测试的设计包括：书面审查和准备待测试品种的信息；种子和苗木的保存与准备；近似品种的筛选确定；标准品种的筛选确定；DUS 种植方法的选择与种植周期数、试验布局；DUS 测试记录。

种植、观察和评价包括：测试品种、近似品种和标准品种的种植；观察和记录结果；品种特征的描述；特异性评价；一致性评价；稳定性评价。

由于同一品种群内的品种数量很多，在实际操作中，并不要求将申请品种与同一品种群内的所有已知品种进行比较，只需要确定一个近似品种进行比较即可。在筛选近似品种之前，要首先明确申请品种是哪个品种群内的品种。因此，筛选近似品种首先就是编制已知品种的详细目录，其次建立与申请品种特异性审查相关的已知品种库，最后从品种库中筛选用于申请品种特异性审查的种植试验与其他试验的品种。测试员根据申请人提供的申请品种的特征和申请品种的图片来确定近似品种的选择是否合适。如果申请人提供的近似品种不合适，测试机构可以决定更换。测试员可以从品种数据库、品种图片库或其他途径来筛选确定近似品种。

在 DUS 测试记录中，需要记录的内容有接收测试材料的情况、植物生长情况和 DUS 测试结果。测试材料的信息主要包括品种名称、接收日期、材料的情况和数量、申请人提供的证明信息、材料处理措施和品种状况的照片等。植物生长情况主要包括测试过程中的生长情况、病虫害状况、是

---

[*] 郑勇奇，张川红．植物新品种保护与测试研究［M］．北京：中国农业出版社，2015：26 – 37．

否因恶劣天气导致生长不良、发生的问题及时间、问题发生的原因和采取的对策等信息。DUS 测试结果主要是特异性、一致性和稳定性的测试结果，包括测试品种和近似品种的名称、"DUS 三性"的评判结果、异型株的概率及展示 DUS 性状的图像。

在观察和结果的记录这一程序中，性状可以通过测量或目测的方法来观测。测量是利用经过校准的计量工具开展客观观察。目测是测试员通过感官进行判断的观测，具有一定的主观性，因此为了保证测试员目测结果的准确性和可重复性，测试员的经验和培训尤为重要。观测记录的类型包括群组记录和个体记录。群组记录是指对一组植物或一组植物某部位进行单个记录，群组记录下，每个品种每个性状只有一个记录。个体记录是指对一组植株或植株部位逐一记录，该记录下进行的统计分析可以作为特异性评价的依据。在特异性测试中，如果品种内变异比品种间变异小，某性状的表达状态可记录为群组记录，群组记录一般适用于自花授粉和无性繁殖品种的大部分性状，也可适用于异花授粉的质量性状与价值量性状。个体记录一般适用于自花授粉和无性繁殖品种的一些数量性状，尤其对植株特定部位进行观测时，可能要测量大量的单个植株，以便统计均值来精确描述品种的表达。

在特异性的评价中，审批机关审查的是申请品种与已知品种在性状上的差异，因此从已知品种中选择对申请品种特异性有对比意义的性状，这些性状必须能精确识别和描述。进行特异性评价的方法概括为三种：（1）相邻比较法，在种植试验中通过相邻目测比较；（2）代码法，通过单个品种的记录，依据已记录的品种性状的表达状态评价特异性；（3）统计分析法，对申请品种一个性状的足够多的数据记录进行统计分析从而得出特异性评价结果。

在一致性的评价中，品种繁殖后在预测范围内的变异不影响一致性的评价，因为这种变异可能由遗传因素或环境因素引起。一致性的评价方法主要是两种，即异型株法和标准差法，某性状表达的品种内变异方式决定了一致性的评价方法。在目测可以确定异型株数量的情况下，采用异型株法，其他情况采用标准差法。当一个品种的所有植株都非常相似，尤其对于无性繁殖品种和自花授粉品种，可以根据明显不同植株（异型株）的数量来评价一致性。当一个品种（尤其是异花授粉品种），因繁殖特点，品种内变异概率更大，且植株并不完全相似，难以目测异型株的情况下，通过考虑观察到的所有单株的总体变异范围大小是否与类似品种相当（标准差）来分析一致性。如果异型株在允许的范围内，那么申请品种具有一致性，如果超过允许范围，则不具有一致性，测试机构必须提供数据和图片作为证据。异型株的允许值通常根据固定的"群体标准"和"接受概率"来确定。"群体标准"是在该申请品种所有植株都能测试的情况下可接受的异型株的最大百分率。"接受概率"是接受异型株数量达到群体标准的某个品种具备一致性的最小概率。

稳定性的评价中，品种经过反复繁殖后，或在特定繁殖周期内，相关性状保持不变，则可认定具有稳定性。当对品种的稳定性产生怀疑或有特殊情况的，在条件允许的情况下，可以再次测试一个生长周期，或由申请人提供新的测试材料，测定其是否与先前提供材料表达相同的特征。实际操作中，测试机构可以要求申请人提供申请品种不同繁殖世代的两份样品，在测试中相邻种植。

第五章

植物新品种权人的权利与义务

本章知识结构

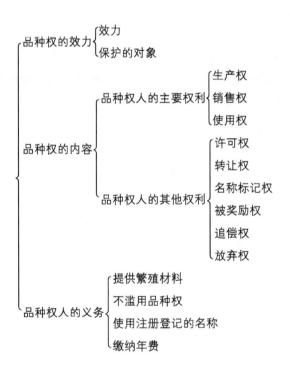

第一节　品种权的效力

一、品种权的效力

关于品种权的效力，或者说是授权品种的保护范围，UPOV 公约 1978 年文本第 5 条规定："(1) 授予育种者权利的作用是在对受保护品种的诸如有性或无性繁殖材料之类的进行下列处理时，应事先征得育种者同意：以商业销售为目的之生产；提供出售；市场销售。""(2) 育种者可以根据自己指定的条件来授权。""(3) 利用品种作为变异来源而产生的其他品种或这些品种的销售，均无须征得育种者同意。但若为另一品种的商业生产重复使用该品种时，则必须征得育种者同意。"UPOV 公约 1991 年文本对授权品种的保护范围更广，该文本第 14 条规定："(1) 涉及受保护品种繁殖材料的下列活动需要育种者授权：生产或繁殖；为繁殖而进行的种子处理；提供销售；售出或其他市场销售；出口；进口；用于上述目的的原种制作。""(2) 除第 15 和 16 条另有规定，从事 (1) 款各项活动，涉及由未经授权使用受保护品种的繁殖材料而获得的收获材料，包括整株和植株部分时，应得到育种者授权，但育种者对繁殖材料已有合理机会行使其权力的情况例外。"即新品种的保护范围包括生产、销售、出口、进口和储存，不仅保护繁殖材料，也保护收获材料。我国《条例》与 1978 年文本的规定一致，《条例》第 6 条规定："完成育种的单位或者个人对其授权品种，享有排他的独占权。任何单位或个人未经品种权所有人许可，不得为商业目的生产或者销售该授权品种的繁殖材料，不得为商业目的将该授权品种的繁殖材料重复使用于生产另一品种的繁殖材料；但是，本条例另有规定的除外。"

品种权作为一种专有权，从《条例》第 6 条的规定来看，品种权的效力可以分为三个方面。

第一，品种权人有权自己实施该授权品种。品种权是一种专有权，权利人对其授权品种享有排他的独占权。育种者培育新品种，主要目的还是为了自己利用该品种，从而创造收益。如果育种者自己都不能实施其授权品种，那么品种权的授予也就失去其本来意义。

第二，品种权人有权禁止其他任何人实施其授权品种。育种者申请品种权，主要目的就是要取得这样一种法律地位，以便能够阻止他人未经其许可而实施其授权品种。育种者培育一项新品种需要花费大量时间和精力，而且需要冒着很大的风险。育种者希望通过生产和销售该品种来收回其投资并获得利益。如果他人能自由地实施该授权品种，自由地生产和销售该授权品种及其繁殖材料，不仅会影响品种权人的利益，同时也会影响育种者的研发积极性。品种权的这种效力意味着品种权人能保护其授权品种在市场上的垄断地位，排除他人的竞争。

第三，品种权人有权许可他人实施其授权品种的某些行为。例如，品种权人是某高校，由于场地、人力等条件的限制，自己不能生产该授权品种及其繁殖材料，从而许可某种业公司生产该授权品种。品种权人在给予许可的同时，可以对被许可人施加限制，如限定年限、生产规模等。

二、品种权保护的对象

品种权的客体是植物新品种，但品种权保护的对象是植物新品种的繁殖材料。《细则（农业部分）》第5条规定："《条例》所称繁殖材料是指可繁殖植物的种植材料或植物体的其他部分，包括籽粒、果实和根、茎、苗、芽、叶等。"《细则（林业部分）》第4条规定："《条例》所称繁殖材料是指整株植物（包括苗木）、种子（包括根、茎、叶、花、果实等）以及构成植物体的任何部分（包括组织、细胞）。"因此，这里的繁殖材料指的是可以通过植物繁殖技术（如组织培养技术、扦插繁殖技术、嫁接繁殖技术、种子繁殖技术、分株繁殖技术等）大规模繁殖授权品种的材料，包括授权品种的植株和其他任何部分，如籽粒、果实和根、茎、苗、芽、叶等，而不是指授权品种培育过程使用的生物材料。一方面，如果通过有性繁殖培育新品种，在实践中，大部分有性繁殖的亲本都是普通的、常见的品种，同时，从性状上来说，利用其他亲本杂交培育出该授权品种也是完全可能的；另一方面，实践中有大部分新品种的产生来源于变异或无性繁殖，不存在亲本的说法，无性繁殖中使用的生物材料也是常见的材料；另外，由于植物组织细胞的全能性，只要获得授权品种植物体的任何组织，即便是一片叶子或一根枝条，也能通过"组织培养"或"扦插繁殖"而获得授权品种的整个植株。因此，《条例》中所保护的繁殖材料不是培育过程中使用的亲本或其他生物材料，而应当是授权品种植物体本身的、能保证授权品种再生产并稳定繁殖的生物组织。

第二节　品种权的内容

一、品种权人的主要权利

我国《条例》第 6 条规定了新品种受保护的行为：为商业目的生产该授权品种的繁殖材料；为商业目的销售该授权品种的繁殖材料；为商业目的将该授权品种的繁殖材料重复使用于生产另一品种的繁殖材料。这三种行为分别对应品种权人的生产权、销售权和使用权，是需要得到品种权人许可的行为。关于商业目的的认定，《最高人民法院关于审理侵犯植物新品种权纠纷案件具体应用法律问题的若干规定》第 2 条作了解释："被控侵权物的特征、特性与授权品种的特征、特性相同，或者特征、特性的不同是因非遗传变异所致的，人民法院一般应当认定被控侵权物属于商业目的生产或销售授权品种的繁殖材料。被控侵权人重复以授权品种的繁殖材料为亲本与其他亲本另行繁殖的，人民法院一般应当认定属于商业目的将授权品种的繁殖材料重复使用于生产另一品种的繁殖材料。"简单来说，任何人生产或销售的某品种的繁殖材料，经鉴定与受保护品种的繁殖材料属于同一品种的，就属于商业目的的生产或销售，品种权人有权禁止。他人重复以授权品种的繁殖材料为亲本与其他亲本另行繁殖的行为，品种权人也有权禁止。法律没有特殊规定的情况下，未经品种权人许可，任何人实施上述行为都将构成侵权。

1. 生产权

生产权是指品种权人有权自己生产授权品种的繁殖材料并依法获得收益，同时有权禁止他人未经其许可为商业目的生产授权品种的繁殖材料。生产授权品种的繁殖材料，是指使用授权品种的繁殖材料再生产该授权品种的繁殖材料或利用授权品种的培育材料生产授权品种繁殖材料的行为。如使用授权品种 A 自交生产种子，使用授权品种 B 的根、芽、茎等组织无性繁殖生产 B 的繁殖材料，使用授权品种 C 的亲本杂交生产 C 的种子。任何单位或个人在未经品种权人许可且法律没有特殊规定的情况下，不得为商业目的生产授权品种的繁殖材料，否则将构成侵权。

2. 销售权

销售权是指品种权人有权合法销售其授权品种的繁殖材料，同时有权禁止他人未经其许可为商业目的销售授权品种的繁殖材料。销售授权品种的繁殖材料，是指将授权品种的繁殖材料所有权转移于买受人、由买受人支付对价的行为。任何单位或个人在未经品种权人许可且法律没有特殊规定的情况下，不得为商业目的销售授权品种的繁殖材料，否则将构成侵权。

3. 使用权

使用权是指品种权人有权使用自己授权品种的繁殖材料，同时有权禁止他人为商业目的将该授权品种的繁殖材料重复使用于生产另一品种的繁殖材料。将授权品种的繁殖材料重复使用于生产另一品种的繁殖材料，是指以授权品种的繁殖材料作为培育材料，利用其培育另一品种并生产另一品种的繁殖材料的行为。如利用授权品种 A 与普通品种 B 杂交生产含有目标性状的品种 C。任何单位或个人在未经品种权人许可且法律没有特殊规定的情况下，不得为商业目的将该授权品种的繁殖材料重复使用于生产另一品种的繁殖材料，否则构成侵权。

二、品种权人的其他权利

1. 许可权

许可权是指品种权人有权许可他人实施其授权品种，包括许可他人生产、销售和使用其授权品种的繁殖材料。品种权人通过与被许可人签订品种权实施许可合同，允许被许可人有条件地为商业目的生产、销售和使用授权品种的繁殖材料，只要得到品种权人的许可，行为人的行为就不构成侵权。许可他人实施授权品种，被许可人只是在一定范围和一定时间内实施该授权品种，而所有权保持不变，许可人依然是品种权人，是权利的所有人。我们可将品种权实施许可与有形财产的出租相对比，将其理解为品种权的"出租"。

2. 转让权

转让权是指品种权人有权转让植物新品种的申请权和品种权。《条例》第 9 条规定："植物新品种的申请权和品种权可以依法转让。"申请权人或品种权人通过与受让人签订转让合同，将申请权或品种权转让给受让人。需注意，这里的转让是指所有权的转移，是权利主体的变更。转让合同生效且经批准登记后，申请权或品种权就归受让人所有，受让人成为申请权人或品种权人，转让人也不再拥有该品种的申请权或品种权。我们可将申请权或品种权的转让与有形财产的买卖相对比，将其理解为申请权或品种权的"出卖"。

3. 名称标记权

名称标记权是指品种权人有权在自己的授权品种包装上标明其品种权信息，如品种名称、品种权申请号、品种权号、授权时间等，这属于品种权人的一项精神性权利。

4. 被奖励权

《条例》第 4 条规定："完成关系国家利益或者公共利益并有重大应用价值的植物新品种育种的单位或者个人，由县级以上人民政府或有关部门给予奖励。"可见，被奖励权并非每个品种权人拥有的权利，只有符合一定条件，品种权人才有被奖励权。被奖励权也属于一项精神性权利。

5. 追偿权

UPOV 公约 1978 年文本第 5 条规定，成员国可以在注册申请至批准期间采取措施保护育种者的权利以防止第三者侵权。我国《条例》遵循公约规定，《条例》第 33 条规定："品种权被授予后，在自初步审查合格公告之日起至被授予品种权之日止的期间，对未经申请人许可，为商业目的生产或销售该授权品种的繁殖材料的单位或个人，品种权人享有追偿的权利。"这也是新品种"临时保护"的内容。

6. 放弃权

品种权人可以在期满前放弃各项权利，使授权品种成为社会公共财富，从而公众可以无偿使用该品种。

第三节　品种权人的义务

一、提供繁殖材料

植物新品种权申请过程中，植物新品种保护办公室可以要求申请人送交申请品种权的植物品种和近似品种的繁殖材料，用于审查和检测。申请人逾期不送交繁殖材料的，视为放弃申请。送交的繁殖材料不能满足检测需要及不符合要求的，植物新品种保护办公室可以要求申请人补交。申请人 3 次补交繁殖材料仍不合规定，视为放弃申请。获得授权后，品种权人也应当按照审批机关的要求提供用于检测该授权品种的繁殖材料，否则，品种权终止，由审批机关予以登记和公告。

二、不滥用品种权

品种权人不能滥用其权利，不能利用其品种权而一概地禁止他人实施其授权品种。品种权人应当实施其授权品种，同时，在一定条件下，也应当许可他人实施其授权品种。新品种只有被充分实施，才能得到推广应用，才能促进农林业的发展。一方面，如果品种权人无正当理由自己不实施，也不允许他人实施授权品种，或者自己已实施但明显不能满足国内市场需求，而为了国家和社会公共利益又需尽快充分实施该品种，那么审批机关可以作出实施植物新品种的强制许可决定，被许可人有权在合理的条件下实施该授权品种。另一方面，即使品种权人充分实施新品种，也不能滥用其权利禁止他人利用该授权品种进行科研活动，也不能禁止农民自繁自用授权品种的繁殖材料。这是为了防止品种权人滥用其品种权而设置的品种权限制制度——品种权强制许可和品种权合理使用，本书第七章将加以详细说明。

三、使用注册登记的名称

《条例》第 12 条规定："不论授权品种的保护期是否届满，销售该授权品种应当使用其注册登记的名称。"UPOV 公约 1978 年文本也规定，联盟成员国中的任何人提供出售或市场销售在该国受保护品种的有性或无性繁殖材料时，必须使用该品种的名称，即使在保护期满之后也是如此。标记授权品种的名称，是品种权人的一项权利，使用注册登记的名称进行标记是品种权人的一项义务。

四、缴纳年费

在 2017 年 4 月 1 日以前，品种权申请人有缴纳申请费和审查费的义务，品种权人有缴纳年费的义务。这些费用一方面是为了审批机关的维持和服务，另一方面还起到经济杠杆的作用，每一笔费用都会促使申请人和品种权人认真考虑，品种权能否保障他获得经济上的收益。年费的缴纳可以淘汰那些价值已经不大或经济效益不大的品种权，使那些品种成为社会共有的财富。UPOV 公约对品种权保护费用有相应规定，目前绝大多数国家也征收品种权保护费用。

我国《条例》及两部实施细则中对年费也有相关规定。《条例》规定，品种权人应当自被授予品种权的当年开始缴纳年费。《细则（林业部分）》规定，第一次年费应当于领取品种权证书时缴纳，以后的年费应当在前一年度期满前 1 个月内预缴；品种权人未按时缴纳第 1 年以后的年费或缴纳数额不足的，植物新品种保护办公室应当通知品种权人自应缴年费期满之日起 6 个月内补缴，并缴纳年费的 25% 作为滞纳金。品种权人未按照有关规定缴纳年费的，品种权自补缴年费期限届满之日起终止。《细则（农业部分）》没有规定滞纳金的缴纳，品种权人未按时缴纳授予品种权第 1 年以后的年费，或者缴纳的数额不足的，品种保护办公室应当通知申请人自应当缴纳年费期满之日起 6 个月内补缴，补缴期满还未缴纳的，自应当缴纳年费期满之日起，品种权终止。应缴年费期满之日起的 6 个月叫宽限期。如果品种权人未按期缴纳年费，将被视为自动放弃品种权，新品种不再受保护，任何人可无偿实施该新品种。

2017 年 3 月，我国国家财政部门为减轻企业和个人负担，促进实体经济发展，发布《关于清理规范一批行政事业性收费有关政策的通知》，停征植物新品种保护权收费。随后，农业农村部和国家林业和草原局相继发布公告——自 2017 年 4 月 1 日起，停征植物新品种权的申请费、审查费和年费。因此，自 2017 年 4 月 1 起，申请人停止缴纳申请费和审查费，品种权人也停止缴纳年费。但是，植物新品种保护权收费仅是"停征"，不是"取消"。缴纳年费仍是品种权人的义务，品种权人只是暂停承担缴纳年费的义务。

【本章小结】

本章主要介绍植物新品种权的权利内容以及权利人的义务。植物新品种培育人的品种权申请通过审批并获得授权后，申请人就成为品种权人，享有品种权。从品种权的效力来说，品种权人有权自己实施授权品种，也有权禁止他人实施和许可他人实施授权品种。我国《条例》规定品种权人享有生产权、销售权和重复使用权等主要权能。享受权利的同时也需要履行相应的义务。品种权人承担着提供繁殖资料，不滥用权利、使用注册登记的名称、缴纳年费等义务。

 问题与思考

1. 品种权人有哪些权利？
2. 品种权人有哪些义务？
3. 简述品种权的效力。

 典型案例

B 种业公司侵犯授权水稻品种"测325"案[*]

【案情简介】

2010 年 3 月 18 日，某省农业厅接到授权品种"测 325"品种权人 A 种子公司保护请求，称 B 种业公司未经许可，擅自销售由其授权品种"测 325"的繁殖材料育成的"特优 325"杂交水稻种子，侵犯其合法权益。请求处理 B 种业公司的侵权行为。B 种业公司在答辩书中承认销售"特优 325"杂交水稻种子 1 435.5 公斤，平均销售价为 13 元/公斤，但说明其销售的"特优 325"种子是从相邻某省 C 种业开发公司正常进货的，并提供了相应的进货发票作为证明。某省农业厅向 B 种业公司发送《行政处罚事先告知书》，责令被请求人停止销售"特优 325"杂交水稻种子，并拟对其作出如下处罚：（一）没收违法所得 18 661.5 元；（二）处违法所得 2 倍罚款 37 323 元。两项合计为 55 984.5 元。某省农业厅在《行政处罚事先告知书》中依法告知了 B 种业公司享有申请听证的权利。B 种业公司在规定

---

[*] 农业部科技教育司，最高人民法院知识产权审判庭，农业部管理干部学院. 植物新品种保护案例评析 [M]. 北京：法律出版社，2011：40.

期限内未提出听证申请。某省农业厅依据《条例》第39条第3款的规定，对B种业公司作出上述处罚决定。

【案件评析】

《中华人民共和国植物新品种保护条例》第6条规定："完成育种的单位或者个人对其授权品种，享有排他的独占权。任何单位或者个人未经品种权所有人（以下简称品种权人）许可，不得为商业目的生产或者销售该授权新品种的繁殖材料，不得为商业目的将该授权新品种的繁殖材料重复使用于生产另一新品种的繁殖材料，但是，本条例另有规定的除外。"从该条规定我们可以概括出品种权侵权有三种类型：（1）未经授权出于商业目的生产授权品种繁殖材料；（2）未经授权出于商业目的销售授权品种繁殖材料；（3）未经授权出于商业目将授权品种用于生产另一品种的繁殖材料。《侵权案件处理规定》第2条也对此予以确认。比较三种侵权类型可以发现，对授权品种本身，未经许可的生产与销售都是侵权行为；对于用授权品种生产另一品种的，未经许可的生产行为构成侵权，而销售行为是否侵权，不论是《条例》还是《侵权案件处理规定》均未提及。

追溯我国《条例》赖以制定的重要基础UPOV公约1978年文本，该文本第5条第3款规定："利用授权品种作为开发其他品种的原始变种来源或其他品种的销售，均无须征得育种者的允许。但若为另一品种的商业生产重复使用该品种时，则必须征得育种者的允许。"可见，销售以授权品种为基础而生产出的另一品种的行为，无须征得"育种者的允许"，也就是说，这销售行为，即使是未经品种权人许可，也不构成侵权。UPOV公约1978年文本的这一立场，被UPOV公约1991年文本所坚持。该文本第16条第1款规定："受保护品种的材料或第十四条第五款所指品种的材料，或任何从该材料衍生的材料，已由育种者本人或经其同意在有关缔约方领土内出售之后，不受育种者权利制约，除非这类活动：（i）涉及该品种的进一步繁殖，或（i）涉及品种材料出口，使其繁殖，而进口国并不保护该品种所在的植物属或种。出口材料用于最终消费的情况例外。"其中，UPOV公约1991年文本第14条第5款所指品种的材料系指授权品种的实质性衍生品种、与授权品种没有明显区别的品种需要反复利用授权品种进行繁育的品种。UPOV 公约 1991 年文本第 16 条是关于"权利用尽原则"的规定。解析该规定，不难发现，除了出于商业目的将授权品种用于生产另一品种的繁殖材料以及将授权品种作为繁殖材料出口到其他不保护品种所在的植物属或种的国家以外，授权品种、授权品种的实质性衍生品种、与授权品种没有明显区别的品种需要反复利用授权品种进行繁育的品种经合法售出后，对这些品种非繁殖目的的处分，如销售、抛弃、赠与等；均不构成侵权。

通过对 UPOV 公约 1978 年文本、1991 年文本的解读，结合我国《条例》和《侵权案件处理规定》的相关规定，我们可以得出：为商业目的，擅自将授权新品种的繁殖材料重复用于生产另一新品种的繁殖材料，系侵权行为；而销售据此而生产出的另一新品种的繁殖材料，则不构成侵权。但考虑到保护植物品种权的需要，也考虑到公众有协助有权机关查处侵权行为或违法犯罪行为的义务，销售者应当配合相关的有权机关，说明其合法进货渠道。

该案中，C 种业开发公司未经许可，为商业目的，将授权品种"测325"的繁殖材料重复使用于生产另一新品种"特优 325"的杂交水稻种子，构成侵权；而 B 种业有限公司虽然销售了"特优 325"杂交水稻种子，但已配合行政机关说明了其合法进货渠道，并不构成侵权。所以，某省农业厅的处罚决定值得商榷，应继续追查 C 种业开发公司的侵权行为。

第六章

植物新品种权的期限、终止与无效

植物新品种权的期限

植物新品种权的终止

植物新品种权的无效

第一节　植物新品种权的期限

植物新品种权具有时间性，品种权人对植物新品种享有的专有权只在一定期限内受保护，保护期限届满后，植物新品种成为社会公共财富，任何人可以无偿使用。由于品种培育难度大、不确定性高、时间长，且审批和投产时间也相对较长，要保证申请人和育种者从品种的推广应用中收回成本，就要对品种权设定较长的保护期限。UPOV 公约对品种权的保护期限有明确规定，公约 1978 年文本第 8 条规定："育种者所得权利有一定期限。自授予保护权之日起，保护期限不少于 15 年。藤本植物、林木、果树和观赏树木，包括其根茎，保护期为 18 年。"公约 1991 年文本延长了新品种的保护期限，第 19 条规定："该期限应自授予育种者权利之日起不少于 20 年，对于树木和藤本植物，该期限应自所述之日起不少于 25 年。"法国规定一般植物新品种的保护期限为 20 年，若该品种生产繁殖材料费时较长，则为 25 年。英国规定藤本植物、乔木、马铃薯保护期限为 25 年，其余均为 30 年。美国则规定植物新品种保护期限均为 25 年。我国适用的是 1978 年文本，且对植物新品种的保护期限相较于以上国家较短。根据《条例》第 34 条规定，在我国，藤本植物、林木、果树和观赏树木的保护期限为 20 年，其他植物为 15 年。林业植物新品种权保护期限自作出授权决定之日起计算，农业植物新品种权保护期限自授权公告之日起计算，有效期届满，品种权人不再享有专有权。

第二节　植物新品种权的终止

一般情况下，保护期限届满的，品种权终止。根据《条例》的规定，有下列情形之一的，品种权在保护期限届满前终止："（一）品种权人以书面声明放弃品种权的；（二）品种权人未按规定缴纳年费的；（三）品种权人未按审批机关的要求提供检测所需的该授权品种的繁殖材料的；（四）经检测该授权品种不再符合被授予品种权时的特征和特性的。"由于自2017年4月1日起，停征品种权的年费，因此，上述第二项"品种权人未按规定缴纳年费"已经不再是导致品种权终止的情形。品种权的终止由审批机关予以登记和公告，自登记之日起，品种权终止。

第三节　植物新品种权的无效

某些品种在授权后，其是否符合《条例》规定的授权条件，可能成为公众或社会争议的对象。为了及时纠正审批机关在授权过程中可能出现的错误，取消不合条件的品种权，维护社会公众和当事人的合法权益，《条例》中设置了品种权无效宣告程序，使品种权审议工作置于社会公众的监督之下，确保品种权的授予公正、准确。品种权的无效宣告是指任何单位和个人或复审委员会认为审批机关授权的某项品种不符合品种权相关规定的，由复审委员会宣告该品种权无效。无效宣告程序独立于申请、审查及复审程序，UPOV大部分成员国都有设置这种程序。

根据《条例》和相关实施细则的规定，自审批机关公告授予品种权之日起，植物新品种复审委员会依据职权或依据任何单位或个人的书面请求，可以对具有下列情形之一的品种权宣告无效：（1）被授权品种不属于国家植物新品种保护名录范围内的植物属或种；（2）被授权品种属于可能危害公共利益和生态环境的品种；（3）被授权品种不符合新颖性规定；（4）被授权品种不符合特异性规定；（5）被授权品种不符合一致性规定；（6）被授权品种不符合稳定性规定。

自审批机关公告授予品种权之日起，任何单位和个人就可以向复审委员会提出品种权无效宣告请求，复审委员会也可以依职权作出无效宣告决定。无效宣告的请求和决定没有截止期限，品种权终止后仍可以提出无效宣告请求和作出无效宣告决定。任何单位和个人向复审委员会请求宣告品种权无效的，应当向复审委员会提交品种权无效宣告请求书和相关文件一式两份，并说明所依据的事实和理由。委托代理机构办理的，还应当提交代理人委托书。

　　复审委员会收到请求人提交的材料后，对以下内容进行形式审查：（1）属于无效宣告的复审请求；（2）请求人不应当以同一事实和理由对复审委员会已经审理并决定仍维持品种权或者品种名称的又提出无效宣告；（3）该品种权申请已经授权；（4）无效宣告请求书中应当说明所依据的事实和理由；（5）无效宣告请求书中所提出的理由符合《条例》和相关实施细则的规定；（6）请求人委托代理机构办理的，应当提交代理人委托书并写明委托内容和权限等。经形式审查对符合规定的无效宣告请求，复审委员会予以受理并通知请求人；对不符合规定的无效宣告请求，复审委员会通知请求人不予受理，并说明理由。对经形式审查合格的无效宣告请求书，复审委员会应当自收到之日起15日内将其副本和有关材料送达品种权人。品种权人在收到后3个月内提出陈述意见。复审委员会收到陈述意见后，将其副本转送给请求人。品种权人逾期未提出陈述意见的，不影响复审委员会审理。经过审理和审查，无效宣告请求理由成立的，宣告品种权无效；无效宣告请求理由不成立的，驳回无效宣告请求，维持品种权有效。在无效宣告审理程序中，品种权人以书面形式放弃其品种权的，无效宣告程序不受影响。复审委员会对无效宣告的请求作出决定前，请求人可以撤回其无效宣告请求。请求人撤回无效宣告请求的，复审程序是否终止，由复审委员会决定。宣告品种权无效的决定，由审批机关登记和公告，并通知无效宣告请求人和品种权人。无效宣告请求人或品种权人对复审委员会的决定不服的，可以自收到通知之日起3个月内向法院提起诉讼。

　　被宣告无效的品种权视为自始不存在，无效的品种权对任何人都是无效的，但是宣告品种权无效的决定不具有追溯力。根据《条例》的规定，宣告品种权无效的决定，对在宣告前法院作出并已执行的新品种侵权的判决、裁定，省级以上人民政府农业、林业行政部门作出并已执行的新品种侵权处理决定，以及已经履行的新品种实施许可合同和品种权转让合同，不具有追溯力。例如，甲是 A 品种的品种权人，2010 年，乙因侵犯甲的品种权，被法院判决向甲赔偿 8 万元，该判决于 2011 年 6 月执行完毕。2012 年 9 月，该品种被宣告无效。这种情况下，无效宣告决定不具有追溯力，甲无需向乙偿还法院判决的 8 万元侵权赔偿款。又例如，丙是 B 品种的品种权人，2013 年，丙与丁签订品种权转让合同，将品种权转让给丁。2014 年 3 月，品种权转让合同履行完毕。2017 年，该品种权被宣告无效。此时，无效宣告决定不具有追溯力，丙丁之间的品种权转让合同已经履行完毕，不因无效宣告决定而无效，丙无需将受让费偿还给丁。但是，在适用上述规定时，应注意两种特殊情形：（1）因品种权人恶意导致他人因品种权无效宣告而遭受损失的，应当予以赔偿。例如，品种权人明知其品种权正在无效宣告程序审理中，为使自己避免损失，急忙将该品种权转让给受让人，而受让人最终因品种权被宣告无效而遭受损失。这种情况下，转让人应当予以赔偿。（2）品种权人或品种权转让人不向被许可实施人或受让人返还使用费或转让费，明显违反公平原则的，品种权人或品种权转让人应当向被许可实施人或受让人返还全部或部分使用费或转让费。

【本章小结】

本章主要介绍植物新品种权的期限、终止和无效。植物新品种权具有一定的保护期限，保护期限届满，该品种不再是法律意义上的植物新品种，品种权也随之终止。除此之外，品种权终止还包括其他情形，如品种权人以书面声明放弃品种权的；品种权人未按规定缴纳年费的；品种权人未按审批机关的要求提供检测所需的该授权品种的繁殖材料的；经检测该授权品种不再符合被授予品种权时的特征和特性的。需特别注意的是，被宣告无效的品种权视为自始不存在，但宣告无效的决定不具有追溯力。

问题与思考

1. 植物新品种权终止的情形有哪些？
2. 植物新品种权无效的情形有哪些？
3. 植物新品种权的无效宣告是否具有溯及力，为什么？

 典型案例

如何认定品种权丧失"新颖性"？*

【案情简介】

2010 年 6 月 21 日，A 请求人向农业部植物新品种复审委员会提出了对 B 公司已经授权的水稻新品种"冈优 188"无效宣告请求。本无效宣告请求涉及的新品种名称"冈优 188"，该品种权的申请日为 2005 年 6 月 22 日，授权日为 2010 年 1 月 1 日，品种权人为 B 公司、C 研究所。

A 请求人无效宣告请求的理由是：该新品种在 2004 年 6 月 1 日前已经在市场上公开销售，B 公司在 2005 年 6 月 22 日提交植物品种权申请时，已经丧失《条例》第 14 条规定的新颖性。A 请求人向复审委员会提交了证据材料以支持自己的主张，证据主要包括请求人自己出具的单方凭证、经过公证的"证人证言"、请求人与合作开发单位之间的资金往来票据证明，如科研经费和代为制种费用等。

2010 年 8 月 20 日，C 研究所向复审委员会认可 A 请求人提出的"冈优 188"在申请日一年前有生产、销售新品种的观点。

2010 年 10 月 9 日，B 公司对请求人提出的事实与理由进行了全部否

---

* 农业部科技教育司，最高人民法院知识产权审判庭，农业部管理干部学院. 植物新品种保护案例评析 [M]. 北京：法律出版社，2011：55.

认，同时向复审委员会提供了两份民事判决书证明"冈优188"选育完成日期为2004年。2010年10月12日，复审委员会收到B公司提交的听证申请书；B公司同时提交了2003年有关"冈优188"繁殖材料的实验资料等证据。复审委员会依法对该案进行了书面审理。

复审委员会经审理认为：请求人提供的证据材料无法证明2004年6月22日之前存在销售授权新品种"冈优188"繁殖材料的行为；第二被请求人虽然认可在申请日一年前具有生产、销售"冈优188"繁殖材料的事实，但未能提供存在销售行为的有效证据，不能证明2004年6月22日之前存在销售行为。因此，复审委员会对上述证据不予采信。复审委员会认为：请求人无效宣告请求不符合《条例》第37条及《细则》第52条的规定，驳回请求人的无效宣告请求，维持"网优188"品种权有效。

【案件评析】

复审委员会对A请求人提交的证据没有采信的理由是：一方与合作开发方在合作期间，依据双方合作协议开展的内部分工合作行为不视为对外销售行为。该案中合作双方依据《合作开发协议》的约定，一方负责研发和组织制种，另一方向其支付科研经费，并承担合作体的制种费用，这些行为均不能认定为"销售行为"。由于存在分工合作协议，双方当事人的行为只是履行分工合作方式的一种体现，只有向合作双方之外的第三人销售的，才构成《条例》规定的销售行为。请求人提供的请求人与合作开发单位之间的资金往来凭证，包括向合作另一方支付的科研费、制种费等都不属于《条例》和《细则》规定的销售行为，不能认定为销售行为。因为双方既然是商业模式的合作开发，必然要进行各种投入，包括资金、技术、财物等要素，合作者之间也必然产生经济上的资金往来。但是，这种为了科研合作需要而进行的经济上的资金往来与在社会上公开销售商业种子的行为，在性质上有着根本区别。因此，复审委员会认定"冈优188"丧失新颖性的理由不成立，依法驳回请求人的无效宣告请求，维持"冈优188"品种权有效的决定，符合法律规定。

第七章

植物新品种权的限制

本 章 知 识 结 构

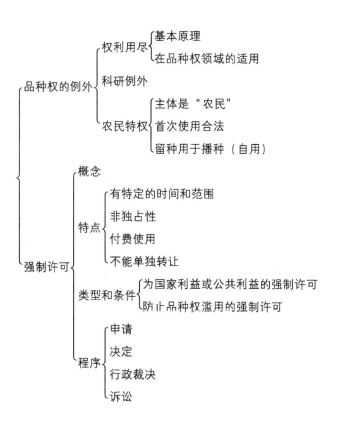

第一节　品种权的例外

一、权利用尽

（一）基本原理

权利用尽原则（Exhaustion Doctrine）又称权利穷竭原则、首次销售原则，是知识产权领域中普遍适用的一项原则，是指知识产品在经知识产权权利人许可售出后，他人对该知识产品的处理不受知识产权权利人的支配。权利用尽原则也是对知识产权的一种限制。品种权的权利用尽是指，受保护品种在经品种权人许可售出后，品种权人对该售出品种的品种权即告用尽，购买该品种的人，在不改变品种的生物学特性、名称、包装及信息的情况下，再次销售该品种的行为不构成侵权，属于合法的销售行为。权利用尽原则的目的在于，防止权利人利用知识产权的"独占性"控制知识产品的零售，保证知识产品在一定范围内自由流通，维护市场竞争的公平。知识产权权利人具有"独占性权利"，是对权利人为创造活动付出代价的弥补，也是对权利人和其他人的智力创造活动的鼓励。但是，"独占性权利"并不意味着权利人有权干涉商品的自由流通，损害其他市场竞争者的利益。通过权利用尽原则，对权利人的权利作出一定限制，使其对合法售出的知识产品再无销售权，禁止其获得双重利益，从而维护市场的公平竞争。

权利用尽原则的适用最早可以追溯到 1873 年 Adams v. Burke 一案，原告对某棺木盖产品享有专利权，被告在波士顿地区从一家经原告授权的企业手中购买了棺木盖产品并在自己所在的地区使用。由于被告所在地区也有相应的被许可人，被告因此被起诉侵犯专利权。美国最高法院认为被告合法购买专利产品后，专利权人及其他权利人对该产品的权利限制就不复存在。法院在判决中称，专利权人或被授权人销售机器或者设备在于体现其使用价值，为了承认对方的使用权他也必须放弃该机器或者设备上的权利。❶ 1895 年 Keeler v. Standard Folding Bed Co. 一案更是确定了专利产品的购买者除使用外还可不受限制地转售该产品。❷ 美国最高法院在 1942 年 United States v. Masonite Corp. 一案的判决中对权利用尽原则作出了新的解释，即某产品上的专利权是否耗尽取决于专利权人是否从该产品的使用中获得了回报。❸ 即如果专利权人在对专利产品第一次的合法销售中获得合理的报酬，那在该产品后续的转售中就不能获得利益。大陆法系国家对权利用尽原则的理论可追溯至 19 世纪德国法官约瑟夫·柯勒（Josef Kohler）的观点。他认为，经权利人本人或授权人同意投放市场的知识产权产品，权利人不得阻止其再次销售。1902 年德国 Guajokol Karbonat 一案正式确立了权利用尽原则，该案判决书中指出如果专利权人在享有独占权的条件下将其专利产品投放市场，那么该专利权人就已经从专利权中获利，从而将其权利用尽。❹

权利用尽原则在大多数国家的知识产权法律和相关国际条约中都有规定。我国《专利法》第 69 条规定，专利产品或依照专利方法直接获得的产品，由专利权人或经其许可的单位、个人售出后，使用、销售、许诺销售、进口该产品的，不视为侵犯专利权。我国《商标法》和《著作权法》中没有明确规定权利用尽原则，但是在学理研究中，该原则在商标、版权领域的适用已得到认可。例如，隋文香教授认为，商标权人或经其许可的人在生产的产品上使用注册商标不侵犯注册商标专用权，标有该注册商标的商品投放市场后，他人再销售就不侵权。❺ 张玉敏教授等认为，为了避免发行权对正常交易活动的影响，首次发行之后，即作品复制件经著作权人许可或根据法律规定向公众发行之后，作品复制品的进一步流通，不应受著作权的控制。❻ 其他多数国家的商标、版权法律中对权利用尽原则也

---

❶❷❸ 邓翌云. 论植物新品种领域的权利用尽原则［D］. 华东政法大学，2015.

❶ 尹新天. 专利权的保护［M］. 北京：知识产权出版社，1998：79.

❺ 隋文香. 判例与理论——植物新品种侵权行为研究［M］. 北京：知识出版社，2011：132.

❻ 张玉敏，张今，张平. 知识产权法［M］. 北京：中国人民大学出版社，2009：121.

有相关规定。例如,《英国商标法》规定,只要商标所有人或者经其许可的使用人曾经同意过在某种商品上使用其商标,无论带有该商标的商品如何分销和转销,该商标的所有人和许可使用人都无权控制。● 《德国版权法》规定,一旦作品的原本或复制品,经有权在本法适用的地域内销售该物品之人同意,通过转让所有权的方式进入流通领域,则该物品的进一步销售被法律所认可。●

（二）在品种权领域的适用

在品种权领域,UPOV 公约 1991 年文本对权利用尽原则作出明确规定。该文本第 16 条规定:"受保护品种的材料或第 14 条（5）款所指品种的材料,已由育种者本人或经其同意在有关缔约方领土内出售或在市场销售,或任何从所述材料派生的材料,育种者权利均不适用,除非这类活动:涉及该品种的进一步繁殖,或涉及能使该品种繁殖的材料出口到一个不保护该品种所属植物属或种的国家,但出口材料用于最终消费的情况不在此例。"对于以上规定,可以从两个方面进行理解。第一,受保护品种的繁殖材料的首次销售合法,即首次销售者是品种权人或经其许可的人。第二,新品种繁殖材料首次销售后,不受品种权人权利控制的行为仅包括销售、进口、有限制的出口、储存和消费终端的使用。将首次合法售出的繁殖材料用于再生产的行为和出口到不保护该品种的国家的行为,不适用权利用尽原则。关于权利用尽原则的适用范围,品种权和专利权的区别在于"出口"。专利产品在首次销售后的出口行为,适用权利用尽原则。无论该专利产品出口到哪个国家,专利权人均无权干涉。而植物新品种繁殖材料首次销售后的出口行为是否适用权利用尽原则,则需分情况处理。如果出口到给予该新品种保护的国家,则出口行为属于权利用尽范畴,适用权利用尽原则,品种权人无权干涉;如果出口到对该品种权不予保护的国家,则不属于权利用尽范畴,这种出口行为应当经过品种权人的许可,否

● 郑成思. 知识产权论 [M]. 北京:法律出版社,2001:346.
● 郑成思. 知识产权论 [M]. 北京:法律出版社,2001:341.

则构成侵权。因为，新品种的保护具有地域性，各国实际情况不同，保护新品种的属或种也不同。一个品种在甲国获得保护，不一定在乙国也获得保护。如果新品种被出口到对其不予保护的国家，同时还属于权利用尽的范畴，那么品种权人的权益无法得到充分保障。

与权利用尽原则相关的还有一个问题——平行进口（Parallel Imports）。品种权的平行进口是指本国的品种权人将自己的新品种出售给国外的经销商或许可国外的企业生产后，本国的进口商不经品种权人许可，从国外获得许可的经销商或生产企业购买新品种的繁殖材料并输入本国销售的行为。"平行"指存在两个相互独立的进口，一个是品种权人的进口权，包括品种权人自己的进口行为或经品种权人许可的进口行为，另一个是未经品种权人许可但是通过合法途径的进口（比如从获得品种权人许可的经销商处进口），后一种情形就是平行进口。平行进口以品种权人的进口权为基础，如果品种权人没有进口权，也就不存在进口行为的平行问题。

平行进口涉及国际权利用尽和国内权利用尽的问题。国际权利用尽是指受保护品种的繁殖材料在首次合法售出后，权利用尽适用于国际市场，不限于本国市场。在国际权利用尽原则下，平行进口行为合法。例如，王某在甲国获得品种权，将其生产的新品种的繁殖材料销售给乙国的经销商。乙国的经销商将该品种繁殖材料投放市场，甲国的张某向乙国经销商进口该品种繁殖材料的行为是合法的，品种权人王某无权干涉。相反，在国内权利用尽原则下，平行进口的行为则是违法的。国内权利用尽是指受保护品种的繁殖材料在首次合法售出后，只在本国市场发生权利用尽，在其他国家，品种权人的销售权仍受保护。例如，王某在甲国获得品种权，将其生产的新品种的繁殖材料销售给乙国的经销商。乙国的经销商将该品种繁殖材料投放市场，甲国的张某如果要向乙国经销商进口该品种繁殖材料，必须获得品种权人王某许可，否则，构成侵权。显然，国内权利用尽原则一方面会使品种权人获得双重利益，明显有悖公平；另一方面会阻碍新品种在国际市场上的自由流通，不利于国际经济贸易的一体化发展。从对 UPOV 公约 1991 年文本第 16 条的分析来看，UPOV 公约体现的是国际权利用尽原则，允许平行进口。

我国的植物新品种法律制度中并没有规定"权利用尽"，且我国也没有加入 UPOV 公约 1991 年文本，这就造成"权利用尽"在侵权抗辩上的法律漏洞。在司法审判中该如何处理这类问题呢？梁慧星教授曾提出，填补法律漏洞有三种方法——依习惯补充、依法理补充和依判例补充。❶ 所以，即便我国植物新品种法律规范中暂未规定"权利用尽"作为侵权的抗辩理由，司法机关在审理此类案件时也可依据市场交易习惯、知识产权法法理、权利用尽的原理和相关判例等作出合理裁判决定。权利用尽原则在我国植物新品种权领域的适用仅限于销售、使用的行为，不涉及生产行为。因为从实践说，如果权利用尽原则也适用生产行为，那么他人（非农民）利用新品种的繁殖材料大量生产该新品种的行为一定会侵犯品种权人的生产权，与权利用尽原则相矛盾。我国《条例》没有规定品种权人的进口权，因此，在我国品种权人不享有进口权，有关新品种的进口行为也不会涉及平行进口问题，他人从国外购进授权品种繁殖材料的行为也不视为侵权。但是，如果该购买者欲销售其购进的授权品种的繁殖材料，必须经品种权人许可，否则将会侵犯品种权人的销售权。可见，进口后的销售行为在我国并不属于权利用尽范畴，仍受品种权人权利的支配。

二、科研例外

利用授权品种进行育种及其他科研活动的行为属于对品种权的合理使用，不视为侵犯品种权，无须得到品种权人许可，无须向其支付费用。按照《条例》的规定，只有以商业目的对授权品种的繁殖材料进行生产、销售、重复使用于生产另一品种的繁殖材料的行为才构成侵权。利用授权品种进行育种及其他科研活动的行为目的不是为了获得商业利益，而是为了促进科学技术的进步和农林业的发展。所以，品种权的效力不应当及于为育种和科学研究所进行的行为，科研机构、高校、企业的科研部门及其他

---

❶ 梁慧星. 法律漏洞及补充方法［J］. 民商法论丛，1994（1）：23.

单位和个人都可以利用授权品种进行育种及其他科研活动。

利用授权品种进行育种及其他科研活动的同时，不能侵犯品种权人依《条例》享有的其他权利。利用授权品种进行育种及其他科研活动的行为不包括对授权品种的大量生产和销售，也不包括为生产另一品种的繁殖材料而重复使用的行为。将授权品种的繁殖材料重复使用于生产另一品种的繁殖材料的行为，生产出的另一品种的繁殖材料是具备使用性的，属于大田用种的材料，能直接为授权品种使用人带来经济效益；利用授权品种进行育种及其他科研活动的行为，生产出的育种材料和科研材料不能直接用于大田生产，不能为使用人直接带来经济效益。[1] 例如，甲企业为了科研实验，需要使用乙种业公司已获授权的新品种 A 作为母本与普通品种 B 进行杂交，这种情况下，甲企业不需要经过品种权人乙种业公司的许可。如果甲企业利用新品种 A 培育出新品种 C，为了获得经济利益，需要重复使用新品种 A 进行育种来获得能稳定繁殖的新品种 C，这种情况下，甲企业就需要经过乙种业公司的许可，签订新品种实施许可合同，否则，甲企业将构成侵权。

三、农民特权

农民自繁自用授权品种的繁殖材料也属于对品种权的合理使用，不需要经过品种权人许可，也不需要向其支付费用。农民自繁自用的权利是基于农业生产习惯，在品种权制度设计之前就已存在的权利，不应当因品种权的设立而被剥夺。各国法律制度中对农民特权的规定是尊重农民生产习惯的体现。由于一些农作物自身的自然属性其本身可以自然繁殖，早期农民种植植物品种所需的繁殖材料都是通过自行留种而取得，很少有购买种子的情况。发展中国家 75% 的农民有留种进行再种植的习惯。[2] 所以，农民自繁自用的行为也就是留种行为。简单来说就是，农民在第一次购买受

[1] 丁关良. 涉农法学 [M]. 杭州：浙江大学出版社，2011：212.
[2] 隋文香. 判例与理论——植物新品种侵权行为研究 [M]. 北京：知识产权出版社，2011：117.

保护品种的繁殖材料后，有权在收获的作物中保存受保护品种的繁殖材料用于再次种植，我们称之为"农民留种权利"。UPOV 公约 1978 年文本没有明确规定这一权利，该文本认为，非商业目的利用受保护品种不属于育种者的权利范围，农民利用自己土地上收获的材料用于再次种植，不是对受保护品种的繁殖材料以商业销售目的的使用，因而农民的这一权利自然属于育种者权的例外。❶ UPOV 公约 1991 年文本将农民留种权利列为"非强制性例外"，规定："各缔约方在合理的范围内，在保护育种者权益的前提下，仍可对任何品种的品种权予以限制，以便农民在自己的土地上以繁殖目的而使用在其土地上种植的保护品种所收获的产品或第 14 条 5 款 a 项（ i ）或（ ii ）所指品种收获的产品。"也就是说，该文本允许缔约国根据本国实际情况灵活规定农民留种权利及其行使程度，方便成员国根据国内育种产业和农林业的发展情况进行调整。

目前，大部分国家的法律对农民特权都作出了相应的规定。《日本种苗法》保留了农民特权并规定了农民特权的两种例外情况：第一，农民与品种权人可以约定不享受农民特权；第二，受保护品种属于农林水产省指定的无性繁殖植物，包括 23 个种属，其中 22 个是观赏植物，1 个是蘑菇。《美国植物品种保护法》规定："储存使用品种权人以耕种目的的授权而取得的生产种子或者来自该品种的种子以及使用这类储存的种子繁殖作物以供己用或者依据该条规定提供销售，非以再生产为目的并在该目的之外的通常渠道内善意销售使用权利人以耕种为目的的授权而取得的种子或该类种子生产的后代种子自繁的种子，均不构成侵权。但若买方将从这类渠道中获得的种子转入耕种渠道，则应当构成侵权。"美国加入 UPOV 公约 1991 年文本之后，删除了"农民以繁殖为目的的留种贩卖豁免"的内容。❷《印度植物新品种保护与农民权利法》规定了农民免责问题，除无权出售受保护品种的"有品牌种子"（装在口袋或容器中，表明装的是受保护品种的

---

❶ 李菊丹. 国际植物新品种保护制度研究［M］. 杭州：浙江大学出版社，2011：359.

❷ 隋文香. 判例与理论——植物新品种侵权行为研究［M］. 北京：知识产权出版社，2011：122.

种子）以外，农民有权以该法生效之前同样的方式储存、使用、播种、补种、交换、共享或出售其农场生产的种子。《马来西亚植物新品种保护法》明确规定农民特权，农民享有留种、换种、出售所留种子的权利。

农民特权的成立必须同时满足以下三个条件。

（1）行为主体是"农民"。

农民特权的行为就是农民自繁自用的行为，行为主体自然是"农民"，那么如何定义"农民"呢？我国《条例》及相关实施细则没有对"农民"进行解释。《最高人民法院关于审理侵犯植物新品种权纠纷案件具体应用法律问题的若干规定》第 8 条中，对"农民"的界定表述为"以农业或者林业种植为业的个人、农村承包经营户"，根据该司法解释的起草者、前法官蒋志培的理解，"为避免实践中可能的滥用，《规定》第八条对农民的范围作了界定，即通常理解的靠农业或林业的种植来维持生计的个人、农村承包经营户为限"。❶ 比照以上司法解释，将《条例》规定的农民特权中的"农民"也作此理解——靠农业或林业的种植来维持生计的个人、农村承包经营户。如果农民投资组建农场或农业企业，该农场或农业企业的留种行为不属于"农民特权"，因为留种者不是农民而是企业。

（2）第一次使用的繁殖材料具有合法性。

"农民留种权利"的必要前提是农民第一次使用的繁殖材料具有合法性。合法性就是农民第一次使用的繁殖材料是品种权人生产、销售或品种权人许可生产、销售的繁殖材料，简单来说就是，第一次使用的繁殖材料不能是侵犯品种权人权利的繁殖材料。如果农民第一次使用的种子是侵犯品种权人权利的种子，其后续的留种行为将是侵权行为的延续，如果将其作为"农民特权"而不认为是侵权行为，将会出现"农民特权"与品种权之间的矛盾。另外，农民将代繁的受保护品种的繁殖材料留下自己播种使用的行为，也不属于"农民特权"范畴。

---

❶ 蒋志培. 中国知识产权司法保护 2007 ［M］. 北京：中国传媒大学出版社，2007：24.

（3）农民所留的种子应当用于播种。

一方面，农民第一次使用受保护品种的繁殖材料后，在收获的作物中保留部分种子，其目的是为了下一年的生产，而不是为了销售获利。所留种子的数量，应当根据承包地数量（或参照当地平均承包地数量）和每亩平均用种量及具体品种可以留存的年限予以确定。❶

另一方面，农民对其自繁自用的多余种子是否可以不经品种权人许可而进行销售或串换呢？《种子法》第 37 条规定："农民个人自繁自用的常规种子有剩余的，可以在当地集贸市场上出售、串换，不需要办理种子生产经营许可证。"侯仰坤教授等认为："该条款从侧面折射出实践中农民出售、提供自己留存种子的行为有不同于其他种子销售行为的特点。农民在集贸市场上出售、串换的只是剩余种子，说明农民没有销售种子而谋利的主观意图。所以在我国对农民免责适用范围的解释上，可认为农民不以贩卖为目的，只将剩余种子出售、串换的行为，属于农民免责的适用范围。"❷本书同意这种观点，但是，农民销售或串换的种子数量应当有所限制，不应当超过其留种数量。

第二节　强制许可

品种权是一种排他的独占权，其独占性也决定了其垄断性。为了防止品种权人滥用其独占权利，促进新品种的实施，平衡品种权人的权利与社会公共利益之间的冲突，《条例》规定了在必要时通过强制许可的方式对品种权加以限制。《条例》第 11 条第 1 款、第 2 款规定："为了国家利益或者公共利益，审批机关可以作出实施植物新品种强制许可的决定，并予

---

❶ 隋文香. 判例与理论——植物新品种侵权行为研究［M］. 北京：知识产权出版社，2011：118.

❷ 侯仰坤，张劲柏，闫祥升，龚先友，王宇. 植物新品种权侵权类型和必要证据问题研究［J］. 中国种业，2008（12）：26－28.

以登记和公告。取得实施强制许可的单位或者个人应当付给品种权人合理的使用费，其数额由双方商定；双方不能达成协议的，由审批机关裁决。"

一、强制许可的概念和特点

（一）概　念

强制许可是指国家审批机关为了国家利益和公共利益，可以不经品种权人同意，授权他人实施授权品种，并由他人向品种权人支付使用费的制度。强制许可是相对于品种权人自己实施和自愿许可他人实施而言的，其目的在于防止品种权人滥用权利导致生物技术的垄断和社会公共利益的损害。

（二）特　点

1. 有特定的实施范围和时间

审批机关根据强制许可的理由，在作出强制许可决定时，规定相应的范围与时间。强制许可的范围包括获得强制许可的单位或个人实施品种权的方式和地域范围。品种权的实施就是生产或销售该授权品种的繁殖材料，或将授权品种的繁殖材料重复使用于生产另一品种的繁殖材料。审批机关根据实际情况，在强制许可的决定中直接规定被许可人实施该品种权的具体方式，可以规定实施方式中的某一种、某几种甚至全部，并限定仅为国内市场的需要。强制许可也有一定的时间限制，其实施期限由审批机关根据强制许可的目的和双方的意见酌定，当然也应当考虑到取得强制许可的单位或个人的投资回收期限。当强制许可的理由消除且不再发生时，审批机关根据品种权人的请求，对具体情况进行审查，在保护取得强制许可的单位或个人的合法权益的前提下，可以作出终止强制许可的决定。

2. 强制许可是非独占性的

取得强制许可的单位和个人不享有独占的实施权，且无权许可他人实施，这是《巴黎公约》与 TRIPs 协定中的规定，我国《种子法》第 30 条也作出明确规定。强制许可只是为取得强制许可的单位和个人提供实施的机会，任何取得强制许可的单位和个人都只能以规定的实施方式在规定的期限内自己实施，无权许可第三人实施。如果允许取得强制许可的单位和个人许可第三人实施，就排除了品种权人自己的实施权，这对品种权人的权益会造成伤害。在授权品种强制许可之后，品种权人仍然有权自己实施该授权品种，也有权许可他人实施。

3. 强制许可是付费使用

取得强制许可的单位和个人均需向品种权人支付合理的使用费，数额由双方协商。双方就使用费数额不能达成协议的，可申请审批机关裁决。支付使用费的原则是考虑实施强制许可的经济价值，使品种权人获得相应报酬。这意味着使用费的数额应当考虑多方面的因素，例如品种权人对育种工作的投入、强制许可实施的目的和性质、强制许可的规模和时间、获得强制许可的单位和个人可能得到的经济效益等。

4. 强制许可实施权不能单独转让

取得强制许可的单位或个人不能将强制许可实施权单独转让，但是可以与实施有关品种权的那部分企业或商誉一同转让，这也是 TRIPs 协定的规定。

二、强制许可的类型和条件

《细则（农业部分）》第 12 条第 1 款规定："有下列情形之一的，农业部可以作出实施品种权的强制许可决定：（一）为了国家利益或者公共利益的需要；（二）品种权人无正当理由自己不实施，又不许可他人以合理条件实施的；（三）对重要农作物品种，品种权人虽已实施，但明显不能满足国内市场需求，又不许可他人以合理条件实施的。"《细则（林业部分）》第 9 条第 1 款规定："有下列情形之一的，国家林业局可以作出或者依当事人的请求作出实施植物新品种强制许可的决定：（一）为满足国家利益或者公共利益等特殊需要；（二）品种权人无正当理由自己不实施或者实施不完全，又不许可他人以合理条件实施的。"根据以上规定，我们可以将强制许可分为"为国家利益或公共利益的强制许可"和"防止品种权滥用的强制许可"。需注意，该分类仅以强制许可的直接目的和直接作用为依据，而不以其最终目的和根本作用为依据。因为，即便审批机关为了防止品种权滥用而决定强制许可，其目的也是出于公共利益的考虑，解决的问题依然是品种权的垄断性与社会公共利益之间的矛盾。不论对强制许可如何分类，强制许可的最终目的和根本作用都是在私人利益和公共利益之间实现平衡。

（一）为国家利益或公共利益的强制许可

《细则（农业部分）》第 12 条第 1 款第（1）项和《细则（林业部分）》第 9 条第 1 款第（1）项规定的内容就属于该类。我们也将其称为特殊情况的强制许可，是指当发生法律规定的特殊情况时，为了维持稳定的社会秩序，维护国家利益和社会公共利益，国家审批机关有权决定强制许可实施相关品种权。为国家利益或公共利益的强制许可，由审批机关依法直接决定，不需要经过品种权人同意，也不需要他人提出申请。为国家利益或公共利益对农业植物新品种的强制许可，由国务院农业行政主管部门直接决定；为国家利益或公共利益对林业植物新品种的强制许可，由国务院林业行政主管部门直接决定。为国家利益或公共利益的强制许可的情况主要是指，为了捍卫国家主权与安全的需要，为了抗御国家出现大规模严重的自然灾害或者较大范围的生物灾害流行等紧迫需要的情况。❶ 例如，某省作为主要农作物的棉花连续 3 年遭受虫害，该省棉花种植业及相关产业遭受重创，GDP 一再下降。唯有甲种业公司获得授权的棉花品种 A 具有优良的抗虫性，能够抵御虫害，而仅靠甲公司的生产经营无法缓解该省棉花产业受困的局面。这种情况下，国家农业行政主管部门可以直接依法对新品种 A 作出强制许可的决定，授权相关企业实施该品种权。

（二）防止品种权滥用的强制许可

品种权人有权按照自己的意志决定是否对品种权实施、实施规模及是否许可他人实施，但是，品种权人为了自身利益最大化，很可能滥用其权

---

❶ 刘平，陈超. 植物新品种保护通论［M］. 北京：中国农业出版社，2011：149.

利，控制实施规模或组织他人实施品种权。《细则（农业部分）》第 12 条第 1 款第（2）项、第（3）项和《细则（林业部分）》第 9 条第 1 款第（2）项就属于为防止品种权滥用的强制许可的情形。防止品种权滥用的强制许可的适用需具备三个条件。第一，防止品种权滥用的强制许可决定必须要经申请才能作出，申请人可以是单位或个人。单位是具有民事法律关系主体资格的社会组织，包括企业、事业单位、社会团体、合伙等。对农业植物新品种请求强制许可的，向国务院农业行政主管部门提出申请；对林业植物新品种请求强制许可的，向国务院林业行政主管部门提出申请。第二，申请人必须具备实施该品种权的条件。申请人要具备实施所请求许可实施品种权的基本条件，包括物质条件、人力条件和技术条件，如厂房、设备、资金、技术人员等。第三，申请人应当负证明责任。申请人在提出强制许可申请时，应当向审批机关提交证明，说明自己已经以合理条件请求品种权人许可而品种权人不许可。对林业植物新品种申请强制许可的，申请人应当举证说明品种权人无正当理由不实施或实施不完全的情形；对农业植物新品种申请强制许可的，申请人应当举证说明品种权人无正当理由不实施的情形；对重要农作物品种申请强制许可的，申请人还应当提供相关依据，证明品种权人的实施明显不能满足国内市场的需求。

三、强制许可的程序

（一）申　请

前文已述及，为国家利益或公共利益的强制许可可以由审批机关依法直接作出决定，防止品种权滥用的强制许可需由具备条件的单位或个人依法向审批机关提出申请并附上理由和相关证明文件。需特别注意的是，防止品种权滥用的强制许可的申请人在申请以前，必须先以合理条件向品种权人请求许可实施品种权，只有当品种权人不予许可时，才能向审批机关提出强制许可申请。如果申请人在提出强制许可申请前，不曾与品种权人协商，或者虽然经过协商，但申请人提出的许可实施条件不合理而遭品种权人拒绝的，申请人的强制许可请求将不能获准。申请强制许可的单位或个人，应当向审批机关提交强制许可请求书，说明理由并附具有关证明文件各一式两份。

（二）决　定

审批机关收到申请人的强制许可请求书后，应当及时作出处理。《细则（农业部分）》第 12 条第 3 款规定："农业部自收到请求书之日起 20 个工作日内做出决定。需要组织专家调查论证的，调查论证的时间不超过 3 个月。同意强制许可请求的，由农业部通知品种权人和强制许可请求人，并予以公告；不同意强制许可请求的，通知请求人并说明理由。"审批机关作出强制许可的决定后，应尽快通知品种权人，并予以登记和公告。

（三）行政裁决

取得实施强制许可的单位或个人，应当付给品种权人合理的使用费，数额由双方协商。双方不能达成协议的，由审批机关裁决。请求审批机关裁决植物新品种强制许可使用费数额的，当事人应当提交裁决请求书，并附具不能达成协议的相关证明文件。审批机关自收到裁决请求书之日起 3 个月内作出裁决并通知当事人。

（四）诉　讼

审批机关作出的强制许可决定是否合法，许可使用费的裁决是否合理，处理方式是否恰当，直接关系品种权人的切身利益。《条例》第 11 条第 3 款规定："品种权人对强制许可决定或强制许可使用费的裁决不服的，可以自收到通知之日起 3 个月内向人民法院提起诉讼。"这是对审批机关提起的行政诉讼，审批机关在诉讼中负举证责任，证明其作出的强制许可决定或强制许可使用费裁决的合法性与合理性。《最高人民法院关于审理植物新品种纠纷案件若干问题的解释》中规定，实施强制许可的纠纷案件应当以植物新品种审批机关为被告，强制许可使用费的纠纷案件应当根据原告所请求的事项和所起诉的当事人确定被告。这两类案件都由北京市第二中级人民法院作为第一审法院审理。法院依法对原决定或裁决依据的事实是否清楚，适用的法律有无错误，作出决定或裁决的程序是否违法等进行全面审查，依法作出相应的决定。

【本章小结】

本章主要介绍植物新品种权的限制。我国《条例》明确规定了品种权的限制，即品种权的合理使用和强制许可。合理使用包括科研特权和农民特权，合理使用中，使用人不需要经得品种权人同意，也不需要向品种权人支付使用费。但是农民特权的成立必须满足三个条件，即主体是"农民"、首次使用合法和留种目的是用于播种。强制许可中，使用人不需要经得品种权人许可，但是必须向品种权人支付费用，且在一定条件下才能向有关机关申请强制许可。权利用尽原则是知识产权领域普遍适用的原则，并非品种权所特有。新品种的繁殖材料被首次合法销售后，销售和重复使用行为不受品种权人的权利所支配。

 问题与思考

1. 如何理解品种权的权利用尽？
2. 如何理解农民特权？
3. 简述品种权强制许可。

 典型案例

江苏里下河地区农业科学研究所与宝应县天补农资经营有限公司 侵犯植物新品种权纠纷一案*

江苏里下河地区农业科学研究所（以下简称农科所）在 2003 年 9 月 1

---

* 江苏省高级人民法院. 江苏省高级人民法院民事判决书［DB/OL］. （2008 - 12 - 25）
［2017 - 04 - 14］. http：//ipr. court. gov. cn/js/zwxpz/200812/t20081225_130452. html.

日和 2005 年 11 月 1 日分别获得中华人民共和国农业部授予的"扬麦 11 号""扬麦 13 号""扬麦 16 号"3 份《植物新品种权证书》，证书号分别为第 20030407 号、第 20050654 号、第 20050663 号，品种权人为原告。2007 年 9 月 21 日、22 日，宝应县天补农资经营有限公司（以下简称天补公司）及其法定代表人刘洪友分别从如东县种子公司、中江种业泰兴市神农种子直销门市部、高邮周巷乡农技站购买麦种若干，具体为："扬麦 11 号"49 500 斤，单价为 1.05 元／斤，总计 51 975 元；"扬麦 11 号"30 000 斤，单价为 1.10 元／斤，总计 33 000 元；"扬麦 13 号"40 000 斤，单价为 1.15 元／斤，总计 46 000 元；"扬麦 16 号"10 000 斤，单价为 1.20 元／斤，总计 12 000 元。合计购进麦种 129 500 斤，总计 142 975 元。天补公司将上述麦种在其分布于宝应县的农资连锁店销售。农科所认为，天补公司未经其许可的销售行为影响了农科所及其许可的扬州丰宝种业有限公司（以下简称丰宝公司）在宝应地区"扬麦系列"植物新品种（麦种）的销售计划，造成销量下降。农科所将天补公司诉诸法院，请求判令天补公司销售行为侵犯其品种权并赔偿其损失。

法院经审理查明，2002 年 7 月 22 日，农科所和南京农业大学共同向国家农业部提出"扬麦 11 号"普通小麦植物新品种权申请，2003 年 9 月 1 日获得授权，品种权号为 CNA20020140.9，该品种权保护期限为 15 年。2003 年 8 月 27 日、11 月 4 日，农科所先后向国家农业部提出"扬麦 13 号""扬麦 16 号"普通小麦植物新品种权申请，2005 年 11 月 1 日同时获得授权，品种权号分别为 CNA20030316.3、CNA20030436.4。该两项品种权保护期限为 15 年。

2004 年 6 月 29 日，南京农业大学作为"扬麦 11 号"共同品种权人授权农科所组织、实施、维护"扬麦 11 号"植物新品种权的相关工作，所需费用由农科所承担，维权带来的收益归农科所所有，并由农科所以权利人身份统一进行民事、行政诉讼等活动。

2006 年 1 月 1 日，农科所许可金土地公司独占实施"扬麦 11 号""扬麦 13 号""扬麦 16 号"植物新品种权。许可期限自许可日起至 2007 年 12

月 31 日止。

2007 年 7 月 3 日,金土地公司与丰宝公司就"扬麦 11 号""扬麦 16 号"种子购销事宜签订了农作物种子购销合同。同时,金土地公司还与丰宝公司签订了扬麦品种宝应县区域代理协议及销售管理办法,约定丰宝公司在江苏省宝应县辖区独家代理销售由金土地公司提供专版包装物包装的"扬麦 11 号""扬麦 16 号"种子,代理销售期限自 2007 年 7 月 3 日至 2007 年 12 月 30 日。双方还就违约责任作出如下约定:"丰宝公司如管理控制不力,造成低价销售或窜货至宝应县辖区以外,则按降价销售或窜货的种子数量和价格计算赔偿金土地公司因此造成的经济损失,并赔偿伍拾万元人民币。金土地公司如管理控制不力,造成市场供种渠道或价格混乱,丰宝公司有权向金土地公司追偿利益损失。如其他代理商窜货至丰宝公司代理区域,金土地公司将协助丰宝公司按窜货数量将窜货方的相应返利补偿给丰宝公司。"

2007 年 9 月 21 日,天补公司从如东县种子公司分别购进"扬麦 13 号"30 000 斤、"扬麦 16 号"10 000 斤。2007 年 9 月 22 日,天补公司分别从中江种业泰兴市神农种子直销门市部和高邮周巷农技站购得"扬麦 11 号"49 500 斤、"扬麦 13 号"40 000 斤。以上所购麦种均为金土地公司提供的专版包装麦种。此后,天补公司将购得麦种加价在宝应地区销售。

2007 年 12 月 13 日,金土地公司同意农科所以农科所的名义就"扬麦 11 号""扬麦 16 号"植物新品种权追究他人在宝应地区的侵权责任。

一审中的争议焦点为,农科所诉讼主体资格是否适格;天补公司的销售行为是否侵犯农科所享有的植物新品种权。

一审法院认为,第一,原告农科所具备诉讼主体资格。农科所与南京农业大学是"扬麦 11 号"共同品种权人,南京农业大学明确授权原告里下河农科所以自己的名义对外行使权利并获得收益故其有权行使"扬麦 11 号"的品种权。农科所是"扬麦 13 号""扬麦 16 号"的品种权人有权行使上述二项植物新品种权。农科所虽将涉案植物新品种权独占许可金土地公司实施,农科所作为涉案植物新品种权人,其认为植物新品种权受到侵犯的，有权作为权利人行使诉讼权利。即便授予金土地公司独占许可权，农科所仍是植物新品种权利人，具备诉讼主体资格。第二，天补公司的销售行为未侵犯农科所植物新品种权。品种权人有生产、销售或授权他人生产、销售授权品种的繁殖材料的权利，同时也有禁止他人未经许可，以商业目的进行生产、销售的权利。对于经品种权人或经其许可的授权人生产和销售的植物新品种的繁殖材料，由于系合法进入流通领域，按照知识产权法"权利用尽原则"，品种权人将其生产或者许可他人生产的授权品种和繁殖材料投放市场后，其专有销售权即告"用尽"，他人在市场上合法取得授权品种繁殖材料后再行销售或者使用则不构成侵权。天补公司从如东县种子公司等处购进的"扬麦 11 号""扬麦 13 号""扬麦 16 号"麦种系原告许可他人经销的专版包装麦种，来源合法。根据《中华人民共和国种子法》第 29 条第 2 款规定："种子经营者专门经营不再分装的包装种子的或者受具有种子经营许可证的种子经营者以书面委托代销其种子的，可以不办理种子经营许可证。"被告天补公司的未再分装销售种子行为并不违反法律规定。因此，天补公司在市场上合法取得的"扬麦 11 号""扬麦 13 号""扬麦 16 号"麦种再行销售的行为不受植物品种权所产生的禁止权制约，天补公司的上述行为没有侵犯原告农科所享有的植物新品种权。因此，一审法院判决驳回农科所的诉讼请求。

农科所不服一审判决，提起上诉。

二审法院认为，天补公司的销售行为不侵犯农科所涉讼植物新品种权。天补公司的销售行为是否构成侵权问题，也即知识产权领域的权利用尽原则是否适用于植物新品种权的问题。所谓权利用尽原则是指专利权人、商标权人或著作权人等权利人制造或者许可他人制造的权利产品售出后，使用或销售该产品的行为不视为侵权。这是对知识产权权利的一种限制制度。植物新品种权制度作为知识产权领域较新的一种权利制度，同样存在权利用尽问题，即植物新品种权人销售的或经其同意出售的授权品种的繁殖材料售出后，其专有销售权即告"用尽"，他人在市场上合法取得授权品种繁殖材料后再进行销售或者使用的，则不构成侵权。因为，对植物新品种权的权利人首次生产、销售行为的保护，已使其权利得以实现。植物新品种权人依据法律的规定独占性生产并销售授权品种的繁殖材料后，其已从这种独占性的生产、销售活动中获得了应得的经济利益。该授权繁殖材料被合法投放市场后，他人对该繁殖材料再行销售或使用，不再需要得到品种权人的许可或授权，且不构成侵权。植物新品种领域适用权利用尽原则，是对植物新品种权利人的一种限制，以免产生过度垄断，阻碍产品的自由流通。

最终，二审法院驳回农科所的上诉，维持原判决。

第八章

植物新品种权的利用

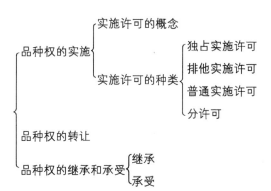

第一节　品种权的实施

一、实施许可的概念

品种权人有权自己实施其品种权，也有权许可他人实施，包括许可他人生产、销售或重复使用授权品种的繁殖材料，并从中获得经济利益。植物新品种权的实施许可是指品种权人与他人订立品种权实施许可合同，授权他人在一定时间和一定范围内实施其授权品种，并由他人向其支付相应费用的品种权交易形式。品种权人是许可人，获得品种权实施许可的人是被许可人。一般而言，在品种权实施许可合同中，应当包括植物新品种名称、证书号、有效期；实施许可的种类、方式、范围和时间；许可使用费的标准与支付方法；违约责任等。同时，为了防止品种权人滥用技术和优势地位，法律禁止品种权人在实施许可合同中附加不合理的限制性条款，例如搭售条款、独占性反售条款、限制被许可方改进的条款、固定价格条款等。品种权的实施许可具有以下特征。

1. 被许可人获得的是一定范围的使用权

也就是说，被许可人只是权利的使用人，权利的所有人仍然是品种权人，我们可理解为品种权的"出租"。无论品种权发生多少次许可，也不会让品种权的权利主体发生变更。被许可人只在一定范围和一定时间内可以生产、销售或使用授权品种的繁殖材料，无权许可任何第三人实施该品种权。

2. 许可人只能是品种权人

当一项品种权为两个或两个以上的单位或个人所共有时，品种权的实施许可应当经全体共有人同意。若只经得部分品种权人的同意，品种权实施许可无效。

3. 品种权是有效的

品种权是有保护期限的，如果品种权期限届满、提前终止或被宣告无效，品种权的专有性即不存在，该品种就成为社会公共财富，任何人均可自由使用该品种。因此，被许可实施的品种应当在品种权保护期限内。

4. "许可"是有限制的

品种权实施许可的内容是一定范围内的生产、销售、使用授权品种繁殖材料的行为。一方面，受时间和地域的限制。时间上，不能超过品种权剩余的保护期限；地域上，不能超出受保护的地域范围，也就是说，本国的品种权人不能许可他人在其他国家实施该品种权。另一方面，受到法律及程序的限制。如果品种权在许可实施期间被宣告无效，那么该"许可"也就失去意义了。同时，品种权实施许可还受到合同法、交易习惯等的限制。

5. 采用书面形式

品种权人许可他人实施其新品种，被许可人向品种权人支付相应费用。许可的种类、方式、范围和时间，费用的标准与支付方式，违约责任等内容都必须通过书面形式加以确定。

二、实施许可的种类

（一）独占实施许可

独占实施许可又称专有实施许可，是指被许可人在合同约定的时间和地域范围内，独占地享有品种实施权，被许可人以外的任何人，包括品种权人自己，都不能在该时间和地域范围内实施品种权。只有在独占实施许可合同期满后，或者在合同约定的地域外，品种权人才能自己实施和许可他人实施。在独占实施许可下，品种权的所有人依然是品种权人，被许可人只是专有使用权人。被许可人无权对该品种权作出处分，也无权擅自许可第三人实施该品种权。

独占实施许可的被许可人还享有诉讼权，具有独立诉讼主体资格。在独占实施许可合同约定的时间和地域范围内，发生品种权被侵犯的情形时，不论品种权人是否采取维权措施，被许可人都可以单独起诉、申请责令停止侵权行为和申请采取证据保全措施。因为独占实施许可排除了品种权人自己的实施权，品种权人已经就此获得相对高昂的许可使用费，在约定时间和地域范围内，其实施权让渡给了被许可人，品种权人暂时失去获得经济收益的权利依据，侵权行为也就不能对品种权人造成经济损失。因此，品种权人作为权利所有人，有权提起诉讼并请求责令停止侵权行为，但是无权提出经济损失赔偿。被许可人不是权利所有人，却是直接利害关系人，有权以其专有使用权遭受侵害为由，单独提起诉讼，请求停止侵权行为和赔偿损失。

（二）排他实施许可

排他实施许可又称独家实施许可，被许可人在合同约定的时间和地域范围内，排他地实施品种权。所谓"排他"就是排除了其他第三方实施该授权品种的可能性，即品种权人在合同约定的时间和地域范围内不能再许可任何第三人实施该授权品种，但是品种权人自己有权实施。排他实施许可和独占实施许可的区别就在于排他实施许可保留了品种权人自己的实施权。

排他实施许可的被许可人享有的诉讼权是有限制的，只在一定条件下才具有独立诉讼主体资格。《最高人民法院关于审理侵犯植物新品种权纠纷案件具体应用法律问题的若干规定》第1条第3款明确规定，排他实施许可合同的被许可人可以和品种权人共同起诉，也可以在品种权人不起诉时，自行提起诉讼。因为，在排他实施许可下，品种权人和被许可人共同使用品种权，是共同权利人，二者可以共同起诉。但品种权人是权利所有人，理应优先作为诉讼主体。只有当品种权人自己确实不起诉或明确声明放弃起诉时，被许可人可以自行单独提起诉讼。

（三）普通实施许可

普通实施许可又称一般实施许可，在合同约定的时间和地域范围内，被许可人有权实施品种权，同时品种权人有权自己实施和不受限制地许可他人实施。普通实施许可保留了品种权人自己实施和许可他人实施的权利，被许可人不享有任何意义上的专有使用权。在普通实施许可下，品种权人可根据实际情况，在同一时间和地域范围内，同时许可多个单位或个人以普通实施方式实施其品种权。

普通实施许可的被许可人不享有诉权，不具有独立诉讼主体的资格。发生侵害品种权的情形时，被许可人只有经品种权人明确授权，才能提起诉讼。在普通实施许可下，被许可人只有一般的使用权，发生侵权时，被许可人遭受的损失较小。真正受损失的还是品种权人，其实施权和许可权都将受到严重影响。同时，如果允许被许可人单独起诉，将会有无数被许可人行使诉权，会导致诉讼主体不明确。因此，普通实施许可的被许可人无权单独起诉。另外，如果被许可人只能依靠品种权人来进行诉讼，维护自己利益，必然会导致侵权行为泛滥，从而造成更严重的损害后果，也会危及品种权人的利益。所以，司法解释最终规定，被许可人经品种权人明确授权，可以提起诉讼。

（四）分许可

在品种权实施许可合同中，如果约定了分许可权，允许被许可人以自己的名义许可其他第三人实施该品种权，被许可人与第三人之间的实施许可就是分许可，品种权人与被许可人之间的许可是主许可，分许可从属于主许可。如果主许可合同中没有明确授权，被许可人就不享有分许可权。无论是独占实施许可、排他实施许可还是普通实施许可，许可合同中都可以约定分许可权，但是分许可只能是普通实施许可。分许可约定的时间、地域范围和方式都不能超过主许可约定的范围，超过主许可期限的部分无效，超过主许可地域范围和方式的行为将构成侵权。例如，甲公司是某授权品种的品种权人，甲公司与乙公司签订排他实施许可合同，约定 2015 年 8 月 1 日至 2017 年 6 月 30 日，乙公司在 A 省范围内有权销售该品种的繁殖材料，并享有分许可权。后乙公司与丙公司签订分许可合同，允许丙公司从 2016 年 9 月 1 日至 2017 年 8 月 30 日在 A、B 两省生产、销售该品种的繁殖材料。在这种情况下，分许可合同的有效期超过了主许可合同，乙丙之间的分许可合同在超过部分（2017 年 7 月 1 日至 2017 年 8 月 30 日）无效。同时，丙公司在 A、B 两省的生产行为和在 B 省的销售行为构成侵权。

第二节　品种权的转让

品种权可以发生转让，品种权人通过与受让人签订品种权转让合同，将品种权转让给受让人，转让方式包括买卖、赠与、交换等，转让也属于品种权转移的一种形式。转让与许可不同，许可只是权利的使用权的转移，而转让是权利所有权的转移。转让是权利主体的变更，只要品种权转让合同生效且经批准登记后，受让人就成为新的品种权人，转让人不再享有品种权，也就不能自己再次实施和许可他人实施品种权。《条例》第 9 条规定："植物新品种的申请权和品种权可以依法转让。中国的单位或个人就其在国内培育的植物新品种向外国人转让申请权或品种权的，应当经审批机关批准。国有单位在国内转让申请权或品种权的，应当按照国家有关规定报经有关行政主管部门批准。转让申请权或者品种权的，当事人应当订立书面合同，并向审批机关登记，由审批机关予以公告。"

关于品种权的转让，需注意以下几方面的内容。

（1）权利整体转让。

品种权的权能是一个统一的整体，在进行转让时，应当将品种权的全部权能整体转让。转让人不能仅转让品种权的一部分权能，也不能只在一国领域内的某地区进行转让。一旦权利转让生效，受让人就在约定的国家享有品种权的全部权能，有权进行所有的实施行为。共同权利人只能转让自己享有的那部分权利，但在转让时，也应当将其享有的全部权利作为一个整体一并进行转让。

（2）订立书面合同。

实践中，大多数的转让是通过买卖方式来实现的。转让人将品种权转让给受让人，并由受让人支付一定报酬。我国《条例》中有明确规定，品种权和申请权的转让应当订立书面合同。如果没有签订书面合同，就不能完成后续的审批登记事宜，品种权的转让也不能生效。订立书面合同的目的在于防止品种权转让过程中发生不必要的纠纷，保障权利交易的安全。

（3）履行相应的手续。

为了维护国家利益，防止植物新品种资源外流和国有资产流失，我国《条例》和相关实施细则对品种权的转让程序作了严格的规定。中国单位或个人就其在国内培育的新品种向外国人转让申请权或品种权的，应当向国家林业和草原局或农业农村部申请审批，这是出于国家主权和国家利益的考虑。国有单位在国内转让申请权或品种权的，应当按照国有产权转让的相关规定报经相关行政主管部门审批。因为国有单位的品种权本质上说是国有资产，无序的转让会造成国有资产流失。转让的书面合同订立之后，应当向国家林业和草原局或农业农村部登记，由国家林业和草原局或农业农村部予以公告。林业植物新品种权的转让自登记之日起生效，农业植物新品种权的转让自公告之日起生效。

第三节　品种权的继承和承受

一、品种权的继承

品种权与有形财产一样，也可以通过继承发生转移，且继承的程序与方式也和有形财产相同。申请人或品种权人死后如果没有留下与品种权相关的遗嘱或遗赠抚养协议，则按照法定继承方式，品种权将转移给法定继承人。如果有多位法定继承人，品种权则由其共同所有。如果申请人或品种权人在遗嘱或遗赠抚养协议中对申请权或品种权作出处理，应当根据其生前的意志将申请权或品种权转移给遗嘱继承人或受遗赠人。申请人或品种权人死后如果没有继承人继承申请权或品种权，也无受遗赠人接受遗赠，申请权或品种权则按继承法规定转移给国家；如果申请人或品种权人生前属于集体组织成员的，其申请权或品种权转移给所属的集体组织。

二、品种权的承受

承受也是品种权转移的一种方式。植物新品种申请权和品种权的承受发生在法人之间，与债权债务的承受相同。当申请人或品种权人是公司、企业、事业单位时，该单位在发生合并、分立、解散、改组、破产等情形时，植物新品种申请权或品种权转移给承受其权利义务的单位。原单位不再享有申请权或品种权，承受其权利义务的单位是新的申请人或品种权人。

【本章小结】

本章主要介绍品种权的利用。品种权的转移方式主要包括实施许可和转让，实施许可是部分权利的转移，转让则是权利整体的转移（权利主体的变更）。在品种权的实施许可中，有三种许可方式，即独占实施许可、排他实施许可和普通实施许可。独占实施许可中，仅被许可人有权实施该品种权，品种权人和第三人均不得实施；排他实施许可中，仅被许可人和品种权人有权实施该品种权，品种权人不得再许可第三人实施；普通实施许可中，被许可人和品种权人有权实施该品种权，且品种权人有权许可第三人实施。品种权可以发生转让，品种权人通过与受让人签订品种权转让合同，将品种权转让给受让人，转让方式包括买卖、赠与等，转让也属于品种权转移的一种形式。同时，品种权还可以发生继承和承受。

 问题与思考

1. 品种权的实施许可有哪些类型？
2. 简述品种权的独占实施许可。
3. 品种权的转让方式有哪些？

典型案例

A 种业有限公司诉 B 有限责任公司、C 种业有限公司侵犯植物品种权案[*]

【案情简介】

A 种业公司诉称：玉米新品种"浚97-1"原名"浚单20"，由某县农业科学研究所选育，2003年，通过全国农作物新品种审定委员会审定，2005年9月1日，经农业部授权，取得植物品种权，品种权号 CNA20020187.5，品种权人为某县农业科学研究所。后经品种权人许可，A 种业公司取得该玉米新品种自2003年6月起至该新品种退出市场时止的生产经营权。2007年11月，B 公司未经许可，擅自生产、销售本案玉米新品种，A 种业公司遂申请某铁路运输法院以诉前财产保全的形式，在某火车站货场查封了由 B 公司发往某铁路局吴桥站的"浚单20"玉米种子180吨。A 种业公司认为，B 公司未经品种权人许可，擅自生产、销售"浚单20"玉米种子的行为，已构成对"浚单20"玉米品种权的侵犯，于2007年12月5日以 B 公司为被告，向某市中级人民法院提出起诉，请求判令 B 公司：1. 立即停止侵权，不得销售已生产的种子，对已生产的种子做转商或其他消灭活性的处理；2. 赔偿 A 种业公司经济损失50万元。

审理过程中，根据 B 公司的申请，为查明案件事实，某市中级人民法院于2008年3月3日追加 C 公司为本案无独立请求权的第三人参加诉讼。

被告 B 公司辩称：B 公司生产、销售"浚单20"的事实属实，但其行为不构成侵权。B 公司于2006年受第三人 C 公司的委托，代该公司生产繁育"浚单20"玉米杂交种子，C 公司系"浚单20"玉米品种权人授权许可使用单位某种业科技股份有限公司的全资子公司。在 B 公司根据委托代

---

　　[*] 农业部科技教育司，最高人民法院知识产权审判庭，农业部管理干部学院. 植物新品种保护案例评析 [M]. 北京：法律出版社，2011：170.

繁协议完成生产后，C公司无力回收所生产的玉米种子，经C公司管理人员许某请示某种业科技股份有限公司，同意由B公司自行销售处理所生产的种子，故B公司认为，其基于与C公司之间的代繁协议生产"浚单20"玉米杂交种，并在委托方无力履行委托协议回收种子的情况下，为减少损失，出于自救而销售所生产的种子，主观上无过错，其行为不构成对"浚单20"品种权的侵害。请求驳回A种业公司的诉讼请求。

第三人C公司陈述：其从未与B公司签订过有关"浚单20"玉米杂交种子的委托代繁协议。本案中，B公司持有的加盖有本公司印章的委托代繁协议是本公司原股东许某私自出具的；许某在2006年已不再参与公司管理，故该协议非公司行为，属于无效合同。公司也未按该协议履行过，未向B公司提供过"浚单20"玉米杂交种子的亲本，也未收到过B公司支付的亲本种子款。C公司认为，该案纠纷与公司无关，其对该案纠纷不承担法律责任。

一审审理查明，玉米新品种"浚单20"由某县农业科学研究所（以下简称某县农科所）取得植物新品种权，新品种名称定为"浚97－1"，"浚单20"为曾用名。2003年6月28日，某县农科所、某种业科技股份有限公司（以下简称股份公司）等5家单位签订《关于"浚97－1"联合开发协议》一份。该协议约定，由某县农科所将"浚97－1"的新品种独占使用权有偿转让给其他4家单位，转让后某县农科所不得再向4家单位以外的其他任何单位转让新品种所有权、申请权和使用权，某县农科所也不得自行生产经营，受让方在该新品种退出市场前不得向其他单位授权开发该新品种。

2007年11月1日，某县农业科技研究所向A种业公司出具授权书，授权A种业公司对未经"浚97－1"品种权人许可的侵权行为可以A种业公司名义行使诉权，品种权人某县农科所在诉讼中放弃作为原告参加诉讼的权利，因诉讼活动产生的权利义务由A种业公司享有和承担，授权期限为2007年11月1日至2008年8月31日。

2007年11月21日，某铁路运输法院根据A种业公司的诉前财产保全申请，做出"（2007）某铁民保字第10号""（2007）某铁民保字第11-1号"民事裁定书，裁定对B公司、张某从某铁路局某车站发往某铁路局吴桥站的各60吨"浚单20"玉米种子予以查封、扣押；2007年11月27日，该院根据A种业公司的申请又做出"（2007）某铁民保字第12-1号"民事裁定书，裁定对B公司放置在某车站南货场30号货位的60吨"浚单20"玉米种子予以查封、扣押。2007年12月5日A种业公司向本院提出诉讼。

第三人C公司成立于2003年3月24日，由股份公司作为法人股东与自然人股东许某、盛某、张某共同出资设立，各股东分别占有60%、20%、10%、10%的股份，许某任公司董事、经理职务，刘某任公司董事长，为法定代表人。2004年9月15日，经C公司股东会同意，盛某、张某撤资，其二人名下的各10%股份转让至许某名下，至此许某占有公司股份40%。C公司为经"浚97-1"品种权利人认可的某地区授权生产单位。

一审裁判理由及结果：

一审法院审理认为，许某在代表C公司签订代繁协议时，是否已被C公司停止了经营管理权，本案中并无证据证实。对B公司来说，基于对许某作为C公司股东和高层管理人员的信任，B公司有理由相信，许某有权代表C公司签订代繁协议；在无证据证明存在B公司在签订代繁协议时属于与许某意串通损害他人利益的事实的情况下，B公司与C公司签订的代繁协议应当认定为有效协议，B公司基于该代繁协议生产"浚97-1"的行为不构成侵权，B公司所提该抗辩理由成立，予以支持。A种业公司主张本案被控侵权种子是2007年而非2006年生产，其应当举证证明，否则不能因B公司不能举证排除其生产时间可能为2007年的不确定事实而认定B公司侵权，故对A种业公司所提该主张不予支持。

关于B公司在本案中销售行为的性质认定，根据前述认证情况，B公司抗辩其在本案中被控侵权的销售行为系经过权利人许可的理由是不能成立的。在未取得品种权人或利害关系人有效许可的情况下，B公司的销售行为不具有正当性，基于法律对该行为非正当性的评价，无论行为人主观上是否存在过错，均属于侵犯"浚97-1"植物品种权的侵权行为，B公司应当承担停止侵权的民事责任，即停止本案中被控侵权的销售行为。对于本案中已被某铁路运输法院查扣的被控侵权种子，可由B公司取回，C公司同意履行代繁协议时，由B公司与C公司协商收购；C公司不同意收购时，B公司可向其他有"浚97-1"生产经营权的单位协商收购；达不成收购协议时，B公司应对所生产的种子做消灭活性或其他使之不能用作繁殖材料的处理，不得作为繁殖材料自行销售，由此造成的损失，当事人可另案主张。

关于B公司在其销售行为构成侵权的情况下，是否应当承担赔偿经济损失的民事责任的问题，一审法院认为，认定侵权行为人应当承担赔偿经济损失的民事责任的，除了行为人的行为具有违法性外，还应当具备侵权责任的其他构成要件，即行为人主观上有过错，造成实际的损害后果以及损害后果与侵权行为之间具有因果关系。本案中，基于前述认定，由于B公司所销售的种子有合法来源，其不具有主观上的过错，且本案销售行为尚未完成，故确认B公司不承担本案赔偿责任。

综上，根据《民事诉讼法》第56条第2款，《条例》第6条，《最高人民法院关于审理侵犯植物品种权纠纷案件具体应用法律问题的若干规定》第2条第2款、第6条第1款，《民法通则》第118条、第134条第1款第（1）项、第2款，判决：一、被告B有限责任公司立即停止"浚97-1"玉米杂交种的销售行为；二、驳回原告A种业公司要求B公司承担经济损失的诉讼请求。

原告A种业公司预交的案件受理费9 400元、法院专递资费350元，合计9 750元，由A种业公司负担4 875元，B公司负担4 875元。

【上诉和答辩】

A种业公司上诉称：1. 一审判决在认定被上诉人"销售侵权"的同时，将侵权物返还侵权人的做法，违反了"不告不理"的司法原则。2. 被上诉人的生产行为构成侵权，第三人根本不具备"以自己的名义许可他人生产'浚单20'"的权利。在本案中股份公司、C公司和B公司属于三个独立的法人组织，其中只有股份公司是经品种权人某县农业科学研究所许可的合法生产经营单位，只有股份公司以其名义委托他人生产的行为，才能被认为取得了合法许可。本案某县农科所、股份公司都没有许可亦没有委托被上诉人生产授权新品种，第三人既不是"浚单20"的品种权人，也不是经品种权人直接授权的合法生产单位，没有资格授权被上诉人生产。一审判决以"代繁协议成立"为由，认为第三人有权许可被上诉人生产"浚单20"，违反法律规定。股份公司已通过书面形式向一审法院陈述，"代繁协议属于个人行为，不属于第三人的法人行为"，即某种业科技股份有限公司自己未授权被上诉人生产"浚单20"，也没有授权第三人许可被上诉人生产"浚单20"，"浚单20"的品种权人和其他利害关系人均没有认可被上诉人的合法生产地位；代繁协议不仅属于许某个人行为，而且还没有实际履行。一审判决以一个从未实际履行的协议认定生产行为合法，没有事实依据。3. 本案应当加重判处被上诉人承担赔偿责任。被上诉人违反法定义务，其侵权主观恶意十分明显；被上诉人与许某签署代繁协议，其主观恶意十分明显；该销售行为已经完成；被上诉人2006年生产规模庞大，应当从重承担赔偿责任。

　　B公司口头答辩称：1. B公司的销售行为不构成侵权。B公司的销售行为是基于合法的生产行为，B公司与C公司签订了代繁协议，该代繁协议上有C公司的公章，合法有效，B公司的生产行为是受C公司委托，生产行为合法；B公司的销售行为是基于C公司的违约不得已的行为，而且征得了C公司的同意。2. 一审判决所确定的民事责任基本正确。C公司因资金问题无法收购，B公司有权要求其对该批种子进行收购，若进行灭活处理，将会导致B公司主张权利的障碍，亦会造成资源巨大浪费；B公司销售行为尚未完成，未造成权利人的实际损害；灭活处理是针对侵权行为的一种惩治措施，B公司在主客观上均无过错，不宜进行灭活处理。一审判决正确，请求驳回其上诉，维持原判决。

　　第三人C公司口头答辩称：C公司与B公司从未签订过代繁协议，代繁协议是许某个人与之签订的，不承认其效力；代繁协议亦并未实际履行。二审审理查明，二审审理中双方当事人及第三人均无新的证据。一审法院认定事实属实，应予确认。某县农业科学研究所在二审审理中出具追认书授权 A 种业公司享有诉讼主体资格直至该案二审终结。

二审裁判理由和结果：

一审认定事实清楚，适用法律正确，审判程序合法，本院应予维持。上诉人 A 种业公司的上诉理由不能成立，其上诉请求不予支持。据此，依照《中华人民共和国民事诉讼法》第 153 条第 1 款第（1）项之规定，判决：驳回上诉，维持原判。

【案件评析】

本案涉及的焦点问题在于：B 公司生产"浚 97 - 1"玉米杂交种子的行为是否受 C 公司委托，B 公司的生产和销售行为是否构成对"浚 97 - 1"玉米品种权的侵犯及是否应当承担停止侵权并赔偿经济损失的民事责任。

一、关于权利主体的确定

2003 年 6 月 28 日，由某县农业科学研究所（以下简称某县农科所）取得植物品种权，新品种名称定为"浚 97 - 1"，"浚单 20"为曾用名。2003 年 6 月 28 日，某县农科所、某种业科技股份有限公司（以下简称股份公司）等 5 家单位签订《关于"浚 97 - 1"联合开发协议》一份，该协议约定，由某县农科所将"浚 97 - 1"的新品种独占使用权有偿转让给其他 4 家单位，转让后某县农科所不得再向 4 家单位以外的其他任何单位转让新品种所有权、申请权和使用权，某县农科所也不得自行生产经营，受让方在该新品种退出市场前不得向其他单位授权开发该新品种。根据该协议，A 种业公司是玉米新品种"浚 97 - 1"的合法使用人。

2007 年 11 月 1 日，某县农科所向 A 种业公司出具授权书，授权 A 种业公司对未经"浚 97 - 1"品种权人许可的侵权行为，可以 A 种业公司名义行使诉权，品种权人某县农业科学研究所在诉讼中放弃作为原告参加诉讼的权利，因诉讼活动产生的权利义务由 A 种业公司享有和承担，授权期限为该案二审终结。该授权书不违反法律法规的禁止性规定，也不损害他人利益，因而 A 种业公司对该案享有诉权，是该案的适格主体。

二、关于 B 公司的生产、销售行为是否侵权的问题

C 公司与 B 公司签订的代繁协议上盖有 C 公司公章并有委托人许某签字，C 公司对代繁协议上 C 公司公章的真实性不持异议；且当时许某是 C 公司的经理，C 公司主张该协议系个人行为而非公司行为的理由没有法律依据，不能成立。在 A 种业公司无证据证明许某与 B 公司恶意串通签订代繁协议的情况下，认定代繁协议有效，并无不当；B 公司基于该代繁协议生产"浚 97 - 1"的行为也因此有合法依据。在 C 公司是经品种权人认可的甘肃地区授权生产单位的情况下，认定 B 公司接受 C 公司的委托代为繁殖"浚 97 - 1"杂交种的行为不构成对品种权的侵犯。至于 B 公司在本案中销售种子的行为，在未取得品种权人或利害关系人有效许可的情况下，B 公司的销售行为不具有正当性；B 公司仅仅依据代繁协议主张销售行为不侵权，无法律依据，其销售行为构成对品种权的侵犯，应当承担停止侵权的民事责任。即 B 公司基于其与 C 公司签订的代繁协议，有权繁殖"浚97 - 1"杂交种，但其若销售所繁殖的种子，根据《植物新品种条例》第 6 条的规定，仍需征得品种权人的许可。

三、关于判决承担责任的问题

B 公司不应当承担赔偿 A 种业公司经济损失的民事责任。消灭活性处理即使用物理或者化学的方法消灭其作为种子继续繁殖的性能，在品种权侵权责任中占有特殊的地位；侵权物本身是侵权行为的结果，侵权物的存在是侵权行为所造成损害的一个组成部分。消灭活性处理的前提是涉案种子被认定侵权，本案 B 公司基于该代繁协议生产"浚97 - 1"的行为不构成侵权。但销售行为并无合法依据，且本案侵权物在运输过程中被法院查扣，一审判决 B 公司立即停止"浚97 - 1"玉米杂交种的销售行为并无不当。因所销售的种子具有在先的合法来源，一审判决 C 公司同意履行"代繁协议"时，由 B 公司与 C 公司协商收购；C 公司不同意收购时，B 公司可向其他有"浚97 - 1"生产经营权的单位协商收购；达不成收购协议时，B 公司应对所生产的种子做消灭活性或其他使之不能用作繁殖材料的处理，不得作为繁殖材料自行销售，由此造成的损失，当事人可另案主张。该案

上诉人应当加重判处被上诉人承担赔偿责任的主张证据不足，不予支持，故未判令 B 公司赔偿 A 种业公司的经济损失。

对于该案中已被某铁路运输法院查扣的被控侵权种子，可由 B 公司取回，C 公司同意履行代繁协议时，由 B 公司与 C 公司协商收购；C 公司不同意收购时，B 公司可向其他有"浚97-1"生产经营权的单位协商收购；达不成收购协议时，B 公司应对所生产的种子做消灭活性或其他使之不能用作繁殖材料的处理，不得作为繁殖材料自行销售，由此造成的损失，当事人可另案主张。因此，如果 B 公司将侵权物交由无"浚97-1"生产经营权的单位收购，该行为实质上属于销售侵权物的行为。在一审已判令 B 公司立即停止销售"浚97-1"杂交种的情况下，将本案侵权物交 B 公司做上述处理，并无不妥。

第九章

植物新品种权侵权及其法律责任

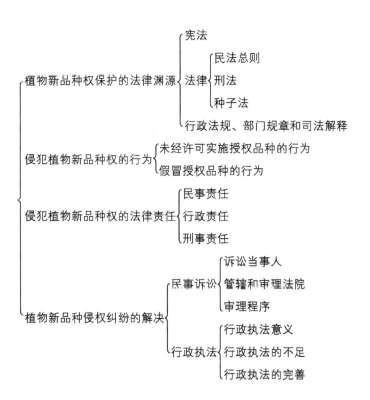

第一节　植物新品种权保护的法律渊源

一、宪　　法

宪法是国家的根本法，具有最高的法律效力，是植物新品种保护立法的根据。我国《宪法》第 13 条明确规定："公民的合法的私有财产不受侵犯。国家依照法律规定保护公民的私有财产权和继承权。"植物新品种权作为一项知识产权，属于公民的私有财产，应当受到法律保护。但是宪法中的相关规定是否可以直接适用于具体法律关系，有不同的观点。有学者认为，"鉴于宪法高于法律，理论上宪法应该能够直接适用于私人之间的事务"。❶ 德国学者创立了"基本权利对第三人的间接效力"理论，认为宪法上规定的基本权利不具有私法上的直接效力，基本权利在私法领域产生效力应以民法上的概括条款或者不确定性概念为"桥梁"，通过法官对概括条款的"合宪解释"，以宪法精神和内容充实之，将基本权利转化为私法规范，从而使基本权利对民事法律关系发生间接效力。❷ 本书认可该理论，认为应当将《宪法》第 13 条的规定通过有关民事法律以概括性条款为"桥梁"，从而在植物新品种权或其他民事权利中得以体现。

二、法　　律

（一）民法总则

2017 年 10 月 1 日起实施的《民法总则》对民事权利作了总的规定，同时还规定了相关的违约责任。《民法总则》第 3 条规定："民事主体的人身权利、财产权利以及其他合法权益受法律保护，任何组织或者个人不得

---

❶ ［法］雅克·盖斯旦、吉勒·古博. 法国民法总论［M］. 陈鹏，张丽娟，石佳友，杨燕妮，谢汉琪，译. 北京：法律出版社，2004：204.

❷ 张翔. 基本权利在私法上效力的展开［J］. 中外法学，2003（6）.

侵犯。"第 176 条规定："民事主体依照法律规定和当事人约定，履行民事义务，承担民事责任。"第 186 条规定："因当事人一方的违约行为，损害对方人身权益、财产权益的，受损害方有权选择请求其承担违约责任或者侵权责任。"第 123 条规定："民事主体依法享有知识产权。知识产权是权利人依法就下列客体享有的专有的权利：（一）作品；（二）发明、实用新型、外观设计；（三）商标；（四）地理标志；（五）商业秘密；（六）集成电路布图设计；（七）植物新品种；（八）法律规定的其他客体。"植物新品种权作为民事主体的一种无形财产权，应当受到法律保护，任何组织或个人不得侵犯。植物新品种权相关合同（如许可实施合同、转让合同、合作开发合同等）中，主要涉及合同关系，由于合同当事人的违约行为，会侵犯植物新品种权，这种情形下，品种权人可以要求对方承担违约责任或侵权责任。

（二）刑　法

《刑法》第 3 章第 7 节特别规定了"侵犯知识产权罪"，但是其中并没有关于侵犯植物新品种权的罪名和条款。对于侵犯植物新品种权的犯罪行为，只能以"生产、销售伪劣产品罪"或"生产、销售伪劣种子罪"来定罪量刑。该两种罪名不是以保护品种权人的利益为出发点，而是从保护消费者利益、维护市场秩序的角度来制裁犯罪行为。《刑法》尽管不具有保护植物新品种权的立法目的，但是客观上达到了保护植物新品种权的效果，也是植物新品种权保护的法律渊源之一。

（三）种子法

《种子法》也属于我国植物新品种保护的法律渊源之一。2016 年 1 月 1 日起实施的《种子法》第 4 章专门规定"新品种保护"，我国植物新品种保护首次上升到"法律"层次。《种子法》第 4 章规定了植物新品种的申请条件、申请原则、权利内容和权利限制等。此外，《种子法》第 73 条和第 74 条规定了植物新品种侵权纠纷的解决方式及侵权行为人应承担的侵权责任，其中还特别增加了"惩罚性赔偿"的规定，加大了侵权行为的惩罚力度。

三、行政法规、部门规章和司法解释

《植物新品种保护条例》是由国务院制定颁发的关于新品种保护的规范性文件，相较于植物新品种保护的其他法律渊源，其内容较全面，目前我国植物新品种保护工作的实施仍然是以《条例》为主导。部门规章是由国务院行政部门制定颁发的规范性文件，相关部门规章主要包括《植物新品种保护条例实施细则（农业部分）》《植物新品种保护条例实施细则（林业部分）》《林业植物新品种保护行政执法办法》《农业植物新品种侵权案件处理规定》等。司法解释是由最高人民法院和最高人民检察院制定颁发的规范性文件，相关司法解释主要包括《最高人民法院关于审理植物新品种纠纷案件若干问题的解释》和《最高人民法院关于审理侵犯植物新品种权纠纷案件具体应用法律问题的若干规定》。

第二节 侵犯植物新品种权的行为

依据《细则（农业部分）》和《细则（林业部分）》的规定，根据行为目的和方法的不同，侵犯品种权的行为可概括为两大类——未经品种权人许可实施授权品种的行为和假冒授权品种的行为。

一、未经许可实施授权品种的行为

实施授权品种的行为包括生产或销售授权品种的繁殖材料，也包括将授权品种的繁殖材料重复使用于生产另一品种的繁殖材料的行为，《条例》和《种子法》中"侵犯植物新品种的行为"特指未经许可而实施授权品种的行为。《条例》第6条、《农业植物新品种权侵权案件处理规定》第2条、《最高人民法院关于审理侵犯植物新品种权纠纷案件具体应用法律问题的若干规定》第2条、《最高人民法院关于审理植物新品种纠纷案件若

干问题的解释》第 4 条都明确规定：未经品种权人许可，以商业目的生产或销售授权品种的繁殖材料，将授权品种的繁殖材料重复使用于生产另一品种的繁殖材料的行为，属于侵犯品种权的行为。生产、销售和使用的行为在本书第五章有详细探讨，此不赘述。除此之外，《条例》还为申请中的品种提供"临时保护"，在自初步审查合格公告之日起至被授予品种权之日止的期间，未经申请人许可，为商业目的生产或销售该授权品种的繁殖材料的单位和个人，品种权被授予后，品种权人对其享有追偿的权利。

判定侵犯品种权的行为，关键在于如何认定行为人出于"商业目的"。《最高人民法院关于审理侵犯植物新品种权纠纷案件具体应用法律问题的若干规定》第 2 条为"商业目的"的判断提供了参考："被控侵权物的特征特性与授权品种的特征特性相同，或者特征特性不同是因非遗传变异所致的，人民法院一般应当认定被控侵权物属于商业目的生产或销售授权品种的繁殖材料。被控侵权人重复以授权品种的繁殖材料为亲本与其他亲本另行繁殖的，人民法院一般应当认定属于商业目的将授权品种繁殖材料重复使用于生产另一品种的繁殖材料。"当然，合理使用行为和强制许可中被许可人的行为是法律规定的合法行为，不适用上述标准。

二、假冒授权品种的行为

两部实施细则对假冒授权品种的行为有大同小异的规定。根据《细则（农业部分）》第 57 条的规定，假冒授权品种行为是指下列情形之一：（1）印制或者使用伪造的品种权证书、品种权申请号、品种权号或者其他品种权申请标记、品种权标记；（2）印制或者使用已经被驳回、视为撤回或者撤回的品种权申请的申请号或者其他品种权申请标记；（3）印制或者使用已经被终止或者被宣告无效的品种权的品种权证书、品种权号或者其他品种权标记；（4）生产或者销售《细则（农业部分）》第 57 条第（1）项、第（2）项和第（3）项所标记的品种；（5）生产或销售冒充品种权申请或者授权品种名称的品种；（6）其他足以使他人将非品种权申请或者非授权品种误认为品种权申请或者授权品种的行为。《细则（林业部分）》则将假冒授权品种的行为规定为：（1）使用伪造的品种权证书、品种权号的；（2）使用已经被终止或者被宣告无效的品种权的品种权证书、品种权号的；（3）以非授权品种冒充授权品种的；（4）以此种授权品种冒充他种授权品种的；（5）其他足以使他人将非授权品种误认为授权品种的。上述行为属于《种子法》第49条规定的"假种子"行为。《细则（林业部分）》对假冒授权品种行为的规定范围比《细则（农业部分）》规定的范围较小，仅限于使用虚假的品种权证书和品种权号，因此《林业植物新品种保护行政执法办法》第3条还规定了销售授权品种未使用其注册登记的名称也属于侵犯品种权的行为。

假冒授权品种的行为包括假冒授权品种的侵权行为和假冒授权品种的违法行为。在非授权品种上印制或使用伪造的品种权证书或品种权号、被终止或者被宣告无效品种权的品种权证书或品种权号、被驳回或被撤回的品种权号或者其他虚假的品种权标记的行为即为假冒授权品种的违法行为。假冒授权品种的侵权行为，有具体的品种权人和品种权被侵害，被假冒的品种是真实存在的授权品种，标记的品种权信息也是真实的。假冒授权品种的侵权行为不仅违反种子质量管理监督制度，也违反植物新品种保护制度，侵害社会公众利益的同时，也侵害品种权人的利益，因此，本章所称的假冒行为特指假冒授权品种的侵权行为。假冒授权品种的违法行为，没有具体的品种权人，也没有真实有效的品种权被侵害，所标记的品种权信息是虚假的。假冒授权品种的违法行为违反的是种子标签管理制度，侵害的是广大消费者的利益，未侵害真正品种权人的利益。

第三节　侵犯植物新品种权的法律责任

《种子法》《条例》《农业植物新品种权侵权案件处理规定》《林业植物新品种保护行政执法办法》等分别对侵犯品种权应承担的法律责任有相应规定。侵犯品种权的，根据侵权行为的种类、性质、情节及后果的不同，侵权行为人应当分别承担相应的法律责任。

一、民事责任

民事责任的承担方式有停止侵害、排除妨碍、消除危险、消除影响、恢复原状、赔偿损害等。侵权责任是行为人侵害他人的民事权利所应承担的民事责任。根据我国《侵权责任法》的一般原理，一般侵权责任的构成包括四个方面：第一，侵权行为，是指侵犯他人权利或合法利益的行为；第二，损害事实，是指他人财产或人身权益因侵权行为而遭受的不利影响，包括财产损害和非财产损害；第三，因果关系，是指行为与权益受侵害之间的引起与被引起的关系；第四，主观过错，是指行为人应受责难的主观状态，包括故意和过失。一般侵权责任的构成同样适用于侵犯品种权的侵权责任。侵犯品种权的侵权责任构成包括以下五个方面。

（1）被侵犯的品种权有效存在。

这是侵犯品种权的侵权责任最基本，同时也是最重要的一个条件，如果品种权不存在或没有法律效力，也就无侵权可言。由于品种权的时间性，一项品种只在品种权保护期限内受法律保护，品种权授予前、品种权期限届满后、品种权终止或被宣告无效后，品种不受法律保护，他人的假冒行为和不经许可的实施行为都不属于侵犯品种权的行为。由于品种权的地域性，品种只在给予保护的国家和地区内受保护，在不给予保护的国家和地区，他人的假冒行为和未经许可的实施行为也不属于侵犯品种权的行为。

（2）存在侵犯品种权的行为。

侵犯品种权的行为包括假冒行为和未经许可的实施行为，本章第二节已有详细探讨，此不赘述。

（3）具有损害事实。

这种损害事实是指品种权人因侵权行为而遭受的不利后果，包括财产损失和非财产损失。财产损失包括直接损失和间接损失，即现实存在的经济损失和预期可得利益的损失。非财产损失是指品种权人人格利益的损失，比如商誉受损，社会评价的降低等。

（4）侵犯品种权的行为与损害事实之间有因果关系。

只有当损害事实是由侵权行为引起的，侵权责任才能成立，因此，因果关系的判断是确定侵权行为人是否承担侵权责任的关键。

（5）侵权行为人具有主观过错。

侵权行为人进行侵权行为时具有故意或过失的主观态度。一般认为，民法中的故意和过失与刑法中的故意和过失含义相同。故意是指行为人明知自己的行为会发生侵害他人品种权的结果，依然希望或放任这种结果发生的主观状态。过失是指行为人应当预见自己的行为可能发生侵犯他人品种权的结果，因疏忽大意没有预见，或已经预见而轻信能够避免的主观状态。

在品种权侵权行为中，行为人应当承担并且能够承担的侵权责任主要是赔偿损害、停止侵害等。《最高人民法院关于审理侵犯植物新品种权纠纷案件具体应用法律问题的若干规定》中对侵犯品种权的赔偿数额作了相应规定：人民法院可以根据被侵权人的请求，按照被侵权人因侵权所受损失或者侵权人因侵权所得利益确定赔偿数额。被侵权人请求按照植物新品种实施许可费确定赔偿数额的，人民法院可以根据植物新品种实施许可的种类、时间、范围等因素，参照该植物新品种实施许可费合理确定赔偿数额。依照前款规定难以确定赔偿数额的，人民法院可以综合考虑侵权的性质、期间、后果，植物新品种实施许可费的数额，植物新品种实施许可的种类、时间、范围及被侵权人调查、制止侵权所支付的合理费用等因素，在 50 万元以下确定赔偿数额。

2016 年 1 月 1 日实施的《种子法》加大了植物新品种侵权的赔偿力度。根据《种子法》第 73 条第 3 款、第 4 款的规定，侵犯品种权的赔偿数额应当按照权利人因被侵权所受到的实际损失确定；实际损失难以确定的，可以按照侵权人因侵权所获得的利益确定。权利人的损失或侵权人的利益难以确定的，可以参照该品种权许可使用费的倍数合理确定。赔偿数额应当包括权利人为制止侵权行为所支付的合理开支。侵犯品种权情节严重的，可以按照上述方法确定数额的 1 倍以上 3 倍以下确定赔偿数额。权利人的损失、侵权人获得的利益和品种权许可使用费均难以确定的，人民法院可以根据品种权的类型、侵权行为的性质和情节等因素，确定给予300 万元以下的赔偿。上述四种确定方法的适用具有先后顺序，只有用前一种方法不能确定赔偿数额的情况下，才能适用后一种方法。《种子法》将侵权法定赔偿数额提高到 300 万元，而且首次在植物新品种保护体系中纳入惩罚性赔偿制度，即对情节严重的侵权行为，可以在上述前三种方法确定数额的 1 倍以上 3 倍以下确定赔偿数额。该条规定强化了品种权侵权的民事责任，提高了品种权侵权人的侵权成本，在一定程度上能遏制品种权侵权行为，同时激励权利人的维权意识。

《最高人民法院关于审理侵犯植物新品种权纠纷案件具体应用法律问题的若干规定》第 8 条规定了侵权赔偿的例外，即以农业或林业种植为业的个人、农村承包经营户接受他人委托代为繁殖侵犯品种权的繁殖材料，不知道代繁物是侵犯品种权的繁殖材料并说明委托人的，不承担赔偿责任。显然，上述侵权赔偿的例外只适用于农民代繁，不适用于非农民代繁。而且，即便农民不知道代繁物是侵犯品种权的繁殖材料并说明委托人，不承担赔偿责任，但仍要承担停止侵害的侵权责任。例如，甲公司是新品种 A 的品种权人，乙公司曾以不合理的价格请求甲许可自己实施其新品种。乙被甲拒绝后，不经甲的许可，委托农村承包经营户丙生产新品种A 的种子，而且丙不知道其代为生产的种子是侵犯他人品种权的繁殖材料。这种情况下，丙只要说明委托人是乙，不需要承担赔偿责任，但是仍要承担停止侵害的侵权责任。相反，如果乙委托丁种业公司代为生产新品种 A 的种子，即便丁公司不知道代为生产的种子是侵犯他人品种权的繁殖材料，依然需要承担侵权赔偿责任。

二、行政责任

《条例》对未经许可实施新品种的侵权行为和假冒授权品种的行为作了行政处罚规定。根据《条例》第 39 条第 3 款和第 40 条的规定，未经许可实施新品种的侵权行为由省级以上人民政府农业、林业行政主管部门依各自职权处理，假冒授权品种的行为则可由县级以上人民政府林业、农业行政主管部门管理和处罚。这两种行为的处理机关虽然不相同，但是《条例》对这两种行为规定了相同的处罚方式和处罚数额：行政处理机关依各自职权责令停止侵权行为或假冒行为，没收违法所得和植物品种繁殖材料；货值金额 5 万元以上的，可处货值金额 1 倍以上 5 倍以下的罚款；没有货值金额或货值金额 5 万元以下的，根据情节轻重，可处 25 万元以下的罚款。对于销售授权品种未使用其注册登记的名称的行为，《条例》也做了相应的处理规定——由县级以上人民政府农业、林业行政主管部门依各自职权责令限期改正，可以处 1 000 元以下的罚款。

《林业植物新品种保护行政执法办法》依照《条例》的规定，对上述行为的管理和处罚作了更详细的规定。根据《林业植物新品种保护行政执法办法》的规定，省级以上政府林业行政主管部门查处未经许可实施授权品种的侵权行为时，可以采取下列措施：（1）责令侵权人立即停止对侵权品种繁殖材料的销售行为，并且不得销售尚未售出的采用侵权品种生产的繁殖材料；（2）责令侵权人立即停止对侵权品种的生产行为，对涉及侵权的植物材料消灭活性使其不能再被用作繁殖材料；（3）对正处于生长期或者销毁侵权植物材料将导致重大不利后果的，可以没收植物品种繁殖材料；（4）没收违法所得；（5）处以罚款。县级以上政府林业行政主管部门查处假冒授权品种的行为时，可以采取下列措施：（1）责令侵权人立即停止伪造行为，销毁伪造的品种权证书或品种权号；（2）责令侵权人立即停止侵权标注行为，消除尚未售出的产品或者其包装上的品种权标识；品种权标识难以消除的，销毁该产品或者包装；（3）责令侵权人立即停止发放载有虚假、未经许可和误导公众品种权信息的说明书或广告等载体，销毁尚未发出的载体，并通过公告或广告等形式消除社会影响；（4）责令侵权人立即停止销售假冒授权品种的繁殖材料，对涉及假冒授权品种的植物材料消灭活性使其不能再被用作繁殖材料；（5）没收违法所得和植物繁殖材料；（6）处以罚款。《林业植物新品种保护行政执法办法》对未经许可实施授权品种的侵权行为和假冒授权品种的行为处以罚款规定为："涉案货值金额 5 万元以上的，依据情节轻重处以货值金额 1 倍以上 5 倍以下的罚款。情节轻微者，处以 1 至 2 倍罚款；情节一般者，处以 3 至 4 倍罚款；情节较重者，处以 5 倍罚款；没有货值金额或者货值金额 5 万元以下的，根据情节轻重，可处 25 万元以下的罚款。情节轻微者，处以 5 万元以下罚款；情节一般者，处以 5 万元至 15 万元以下处罚；情节较重者，处以 15 万元至 25 万元以下罚款。"上述罚款规定中情节轻微是指，侵权行为或假冒行为是第一次发生且侵权或假冒数额较小的。情节一般是指，明知或已被告知侵权的；数次假冒或侵权的，假冒或侵权数额较大的；假冒涉及地域较广的。情节较重是指，侵权或假冒的数量或数额巨大的；为逃避处罚提供伪证的；假冒涉及地域广大的。此外，关于销售授权品种未使用其注册登记的名称的行为，《林业植物新品种保护行政执法办法》规定由县级以上政府林业行政主管部门责令限期改正，可以并处罚款。情节轻微的，处以 300 元以下的罚款；情节一般的，处以 300 元至 600 元的罚款；情节较重的，处以 600 元至 1 000 元的罚款。

2016 年新施行的《种子法》降低了行政查处的门槛，也加大了行政处罚的力度。根据《种子法》第 73 条第 5 款、第 6 款的规定，未经许可实施授权品种的侵权行为和假冒授权品种的行为均可以由县级以上人民政府农业、林业行政主管部门进行查处。县级以上人民政府农业、林业行政主管部门责令停止侵权行为或假冒行为，没收违法所得和种子；货值金额不足 5 万元的，并处 1 万元以上 25 万元以下罚款；货值金额 5 万元以上的，并处货值金额 5 倍以上 10 倍以下罚款。显然，《种子法》相对于《条例》而言，加强了品种权的保护力度，从《条例》中规定的"货值金额 1 倍以上 5 倍以下的罚款"上升为"货值金额 5 倍以上 10 倍以下罚款"。而且，《条例》仅规定"可处"罚款，而《种子法》却规定"并处"罚款。

通过《条例》及其相关配套制度与《种子法》的对比可知，《种子法》规定县级以上政府农业、林业行政主管部门就可以管理和查处品种权侵权行为和假冒行为，降低了品种权的保护门槛，减轻了农业、林业行政主管部门的工作压力，加大了品种权侵权和假冒行为的民事赔偿力度和处罚力度，从而加强了品种权保护。在实务中，《种子法》和《条例》对品种权侵权民事赔偿或行政处罚的规定不一致的，依照上位法优于下位法的原则，根据保护权利人的要求，应当适用《种子法》的相关规定。

三、刑事责任

关于侵犯品种权应承担的刑事责任，《条例》和《种子法》中只做了笼统的规定。《条例》第40条规定，假冒授权品种，情节严重构成犯罪的，依法追究刑事责任。《种子法》第91条规定，违反本法规定，构成犯罪的，依法追究刑事责任。《刑法》第3章第7节"侵犯知识产权罪"中也只规定了侵犯商标、著作权、专利和商业秘密应承担的刑事责任，对侵犯植物新品种权的行为并未提及，在实践中只能按照《刑法》第140条"生产、销售伪劣商品罪"和第147条"生产、销售伪劣种子罪"进行处理。根据《刑法》第140条的规定，生产者、销售者在产品中掺杂掺假，以假充真，以次充好或以不合格产品冒充合格产品，销售金额5万元以上不满20万元的，处2年以下有期徒刑或拘役，并处或单处销售金额50%以上2倍以下的罚金；销售金额20万元以上不满50万元的，处2年以上7年以下有期徒刑，并处销售金额50%以上2倍以下罚金；销售金额50万元以上不满200万元的，处7年以上有期徒刑，并处销售金额50%以上2倍以下罚金；销售金额200万元以上的，处15年有期徒刑或者无期徒刑，并处销售金额50%以上2倍以下罚金或者没收财产。根据《刑法》第147条的规定，销售明知是假的或者失去使用效能的种子，或者生产者、销售者以不合格的种子冒充合格的种子，使生产遭受较大损失的，处3年以下有期徒刑或者拘役，并处或者单处销售金额50%以上2倍以下罚金；使生产遭受重大损失的，处3年以上7年以下有期徒刑，并处销售金额50%以上2倍以下罚金；使生产遭受特别重大损失的，处7年以上有期徒刑或者无期徒刑，并处销售金额50%以上2倍以下罚金或者没收财产。其中，"较大损失"一般以2万元为起点；"重大损失"一般以10万元为起点；

"特别重大损失"一般以 50 万元为起点。

严格来说，上述规定并不是以保护品种权人的利益为出发点，对侵犯品种权的行为进行制裁，而是从保护农业、林业的生产和农民及消费者的权益的角度对种子的侵权假冒行为设定刑事处罚。从《刑法》第 147 条的规定看，生产、销售伪劣种子罪主要以行为后果为考量，根据行为对农业、林业的生产造成的损失来定罪量刑。从《刑法》第 140 条的规定看，生产、销售伪劣产品罪则以行为本身为考量，根据侵权假冒产品的销售数额来进行定罪量刑。结合这两条的规定，有关新品种的侵权假冒行为人应承担的刑事责任应分情况讨论。

（1）对侵权假冒品种的繁殖材料销售数额不满 5 万元，且对农业生产未造成损失或造成的损失不足 2 万元的，不符合上述两罪的构成要件，不构成犯罪，行为人仅需要承担民事责任或行政责任。

（2）对侵权假冒品种的繁殖材料销售数额不满 5 万元，但是对农业生产造成 2 万元以上损失的，尽管不符合"生产、销售伪劣产品罪"的构成要件，但是符合"生产、销售伪劣种子罪"的构成要件，应当依该罪进行刑事处罚。

（3）对侵权假冒品种的繁殖材料销售数额在 5 万元以上的，如果对农业生产未造成损失或造成的损失不足 2 万元，则不符合"生产、销售伪劣种子罪"的构成要件，这种情况只能依"生产、销售伪劣产品罪"的规定定罪量刑。

（4）对侵权假冒品种的繁殖材料销售数额在 5 万元以上，且对农业生产造成 2 万元以上损失的，符合上述两罪的构成要件，这种情况属于法条竞合，应当从一重处。

因假冒品种权而承担刑事责任的案件，以"亚丰公司案"为典型。亚丰公司法定代表人王某、分公司经理石某分别购买享有品种权的某棉花品种，在亚丰公司和销售处直接换包装成未经审定的"S80"棉种，并在 3 个月内销售给陈某 1 320 斤，陈某自己种植并销售给他人种植 1 800 亩以上。经当地农业局认定，"S80"棉种品种性状与标签说明的性状差异太大，不适宜当地种植，造成当地"S80"棉种种植户损失人民币 90 万元以上，使生产遭受特别重大损失。王某、石某触犯了销售伪劣种子罪，法院对其判处相应刑罚。❶ 我国现行法律体系对品种权的保护并不完善，《刑法》也只对严重假冒品种权的行为进行刑事处罚，与品种权的具体保护要求相比有所欠缺，所以本书认为我国在刑事立法中应当考虑品种权侵权的犯罪问题。

第四节　植物新品种侵权纠纷的解决

根据《条例》第 39 条的规定，侵犯植物新品种权的，品种权人或利害关系人可以请求省级以上人民政府农业、林业行政部门依各自职权进行处理，也可直接向人民法院起诉。省级以上人民政府农业、林业行政部门依各自职权，根据当事人自愿的原则，对侵权所造成损害赔偿可以进行调解。调解达成协议的，当事人应当履行；调解未达成协议的，品种权人或利害关系人可以依照民事诉讼程序向法院提起诉讼。植物新品种侵权纠纷是一种民事纠纷，根据民事法律关系的自愿原则，植物新品种侵权纠纷发生时，当事人可以采取协商的方式解决，通过协议确定责任的承担。当事人之间无法自行协商达成协议的，可以请求行政调解。根据《条例》的规定，当事人只能请求省级以上人民政府农业、林业行政部门予以调解。但是 2016 年 1 月 1 日实施的《种子法》降低了新品种保护行政调解的门槛，第 73 条规定"县级以上人民政府农业、林业行政部门"就可以对植物新品种侵权纠纷进行调解。当行政调解未达成协议或当事人不履行行政调解达成的协议的，品种权人或利害关系人可以向法院提起民事诉讼。

一、民事诉讼

植物新品种的侵权案件诉讼属于《最高人民法院关于审理新品种

---

❶　详见北京市顺义区人民法院刑事判决书（2008）顺刑初字第 326 号。

纠纷案件若干问题的解释》第 1 条第（9）项规定的"侵犯植物新品种权的纠纷案件"。

（一）诉讼当事人

该类案件的原告即品种权人和利害关系人。根据《最高人民法院关于审理侵犯植物新品种纠纷案件具体应用法律问题的若干规定》，品种权所有人或利害关系人认为品种权受到侵犯的，可以依法向人民法院提起诉讼。利害关系人包括品种实施许可合同的被许可人、品种权财产权利的合法继承人等。独占实施许可中，被许可人有独立诉讼主体资格，可以单独向法院起诉；排他实施许可中，被许可人无独立诉讼主体资格，不能直接起诉，可以和品种权人共同起诉，或在品种权人不起诉时，自行起诉；普通实施许可中，被许可人没有诉讼主体资格，只有在经品种权人明确授权的情况下，可以提起诉讼。

该类案件的被告应当是侵权行为人，包括未经许可的授权品种的繁殖材料的生产者、销售者和将其重复使用于生产另一品种的繁殖材料的使用者，还包括假冒授权品种的侵权行为人，如生产、销售冒允授权品种的其他品种繁殖材料的人等。

（二）案件管辖和审理法院

根据我国《民事诉讼法》的规定，侵权案件一般由侵权行为地或被告住所地法院管辖。侵权行为地一般包括行为实施地和结果发生地，但是侵犯知识产权的案件中，侵权行为地就只有行为实施地。《最高人民法院关于审理植物新品种纠纷案件若干问题的解释》对侵权行为地也有特别规定："以侵权行为地确定人民法院管辖的侵犯植物新品种权的民事案件，其所称的侵权行为地，是指未经品种权所有人许可，以商业目的生产、销售该授权植物新品种的繁殖材料的所在地，或者将该授权品种的繁殖材料重复使用于生产另一品种的繁殖材料的所在地。"《条例》和《种子法》及相关制度对于有关假冒授权品种的侵权行为的民事诉讼没有特别规定，仅在相关条款中规定了行政处罚和刑事处罚。因此，对于有关假冒授权品种的侵权行为的民事诉讼应按《民事诉讼法》的一般规定处理，判断其管辖时，应以假冒行为的实施地确定，包括假冒授权品种的其他品种繁殖材料的生产地和销售地等。

实践中，案件管辖地法院和审理法院存在不一致的情况。关于品种权侵权案件民事诉讼的审理法院，《最高人民法院关于审理植物新品种纠纷案件若干问题的解释》规定，由各省、自治区、直辖市人民政府所在地和最高人民法院指定的中级人民法院作为第一审人民法院审理。

（三）案件审理

《最高人民法院关于审理侵犯植物新品种权纠纷案件具体应用法律问题的若干规定》对品种权侵权案件民事诉讼中的证据问题和赔偿责任问题作了相应规定。侵犯植物新品种权纠纷案件涉及的专门性问题需要鉴定的，由双方当事人协商确定有鉴定资格的鉴定机构、鉴定人鉴定；协商不成的，由人民法院指定有鉴定资格的鉴定机构、鉴定人鉴定；没有前款规定的鉴定机构、鉴定人的，由具有相应品种检测技术水平的专业机构、专业人员鉴定。案件中涉及的专门性问题可以采取田间观察检测、基因指纹图谱检测等方法鉴定，且对鉴定结果人民法院应当依法质证，认定其证明力。品种权人或利害关系人提起诉讼的同时，提出先行停止侵犯植物新品种权行为或者保全证据请求的，人民法院经审查可以先行作出裁定。人民法院采取证据保全措施时，可以根据案件具体情况，邀请有关专业技术人员按照相应的技术规程协助取证。

法院审理品种权侵权案件，应当结合案件具体情况，依法判决侵权人承担停止侵害、赔偿损失等民事责任。被侵权人和侵权人均同意将侵权物折价抵扣被侵权人所受损失的，法院应当准许。被侵权人或侵权人不同意折价抵扣的，法院依照当事人请求责令侵权人对侵权物作消灭活性处理。侵权物正在生长期或销毁将导致重大不利后果的，法院可以不采取责令销毁侵权物的方法。

二、行政执法

2016 年 1 月 1 日实施的新《种子法》，从法律制度上空前地加强了植物新品种权行政执法。主要表现在：（1）品种权行政执法主体扩大到县级以上人民政府农业、林业主管部门；（2）大幅度提高侵权假冒行为的赔偿标准、增加民事赔偿事项；（3）大幅度加大行政处罚力度、设立最低行政处罚额度；（4）强化品种权执法主体责任。尽管新《种子法》对品种权行政执法做了严格规定，但是当前仍有不少基层品种权行政执法部门抱着"品种权是私权，维权是品种权人自己的事，行政管理部门应少介入"的惯性思维，以查假种子代替品种权执法、以罚代赔现象普遍，甚至还有人错误地认为行政执法是"中国特有的""违背市场经济规律的"、不符合"简政放权、放管结合、优化服务"精神，应"淡化品种权行政执法"。可以说，当前品种权行政执法中还存在许多的问题和困难。

（一）强化品种权行政执法的意义

（1）品种权的行政执法是品种权保护的重要组成部分。品种权行政执法，是指县级以上农业、林业主管部门依据《种子法》《植物新品种保护条例》《植物新品种保护条例实施细则》等相关法律法规，遵循法定程序，运用行政权力和行政手段对品种权实施保护。也就是说，当品种权人的权利被他人侵犯时，县级以上农业或者林业主管部门根据被侵权人请求，依法对侵权人的侵权行为进行行政处理，包括对品种侵权纠纷行政处理和对假冒授权品种进行行政查处。强化品种权行政执法即是履行新《种子法》保护品种权的要求。

（2）强化行政执法是品种权内在特点和需求所决定的。植物新品种权是知识产权的一种重要类型，它具有公开性、无形性、可复制性的特点；同时，由于植物新品种具有生物性、季节性的特点，与有形财产权和其他类型知识产权相比，品种权更易受到侵害，侵权证据更难以收集，更加需要依法获得各类侵权救济，特别是对行政保护有着更大的需求。相比于品种权侵权救济的司法保护，权利人通过行政保护获得救济更具有一些

167

优势。

首先，品种权执法技术专业性强，行政执法更易于实现公正。涉及品种权的纠纷既涉及法律问题，又涉及较为复杂的遗传育种等有关的技术问题，需要辅以很强的技术支持才能更好地解决侵权认定和损害赔偿的问题。从事品种权行政执法工作的大多执法人员，基本具备农林学背景，通常既是农林业技术专家，同时又比较了解农林业和种子产业的特点，可以很好地消除品种权纠纷中的技术障碍，又能较好地把握侵权纠纷双方的诉求，实现裁决的公正。

其次，品种权行政执法手段具有更高的效率。对于品种权纠纷案件，尽管当事人可以向法院提起民事诉讼，但相当部分纠纷案件仍然依赖农业、林业行政主管部门的介入才得以解决。考虑到诉讼时间、法院管辖、证据的收集与保全等因素，涉及品种权侵权的民事诉讼与一般民事案件相比，更为复杂，审理时间可能更长，更受农时的限制。品种权行政执法程序更为简化，案件处理的时间会大大缩短，当事人可以减少时间成本，及时得到救济。

最后，品种权行政执法更有利于维持双方正常的合作关系。目前品种权民事诉讼案件较少，由于历史原因，现今不少种子生产经营者大多分流自种子行政管理部门，"种业圈子小"，品种权人与侵权人之间甚至总是"抬头不见低头见"，不到万不得已，双方都不愿意对簿公堂。如果双方当事人选择通过行政部门调处，双方之间的对抗性比在司法诉讼中的要小，对继续保持合作关系有利。因此权利人更愿意将品种权纠纷交付行政部门调解处理。

（3）强化品种权行政执法符合国际普遍做法。TRIPs 协定强调，知识产权是一种私权（即财产权），应从行政、民事和刑事等多方面给予保护救济。实际上，不少国家如美国、日本、英国、菲律宾、墨西哥等，都早于中国设立了侵权救济的行政途径，对包括品种权在内的知识产权的行政执法都在不断发展，并且有强化的趋势。例如，美国近年来不断完善多项法律制度，重点加强知识产权行政执法。2016 年 2 月，美国国会通过《贸易促进与贸易执法法》，创建全国知识产权协调中心，增强在边境的知识产权行政执法。美国还通过国家商标专利局国际部下设执法维权处，对品种权在内的知识产权纠纷进行行政处理。类似地，日本发布了《知识产权战略大纲》和《知识产权基本法》，设立了特许厅执法事务局、国际知识产权交易委员会，持续强化行政手段介入知识产权保护。

（4）强化品种权行政执法符合政府职能转变方向。所谓"服务行政"，是一种以公共利益和公共责任为导向，强调社会治理方式以服务为主的行政管理模式。❶ 在社会主义市场经济条件下，政府的重要职责是在依法行政的前提下，服务社会，营造良好的社会环境和创造公平竞争的市场环境，主要是：（1）制定规章制度与政策，并尽可能使政策规范化、制度化；（2）依法裁决和调解行政相对人之间的争端与纠纷，迅速化解各类社会矛盾；（3）查处违法行为，保护守法者的正当利益，维护和谐稳定的社会秩序与诚实守信的市场秩序。植物新品种权作为知识产权的一种，政府应该对遭到侵权假冒的行为进行监管，否则，受损害的不仅是品种权人，还有政府的公信力、全社会激励创新的能力以及种子的市场公平竞争环境。在传统种业向现代种业转型升级的过程中，只有进一步加强品种权行政执法，强化植物新品种保护，才能发挥市场在种业资源配置中的决定性作用，促进种业科技资源和人才向企业合理流动，做大做强我国的种子企业。从经济社会发展趋势来看，强化育种者权利保护更加符合经济全球化发展形势及新技术发展的现实要求，也是实现建设创新型国家战略和发展现代种业目标的重要制度保障。因此，加强品种权行政执法是解决现阶段品种假冒侵权严重、维护种子市场秩序的重要抓手，也是强化育种者权利保护，促进农作物育种创新，推进现代种业发展的重要手段。强化品种权行政执法符合政府职能转变方向。

（二）我国品种权行政执法中存在的问题和困难

通过各方努力，当前我国种业市场环境较以往有了改善，但由于侵权

手段越来越隐蔽且呈多样化发展趋势，种子市场制假售假、套牌侵权问题仍十分突出，品种权侵权成本低、维权成本高，有法难依、违法难究的问题还大量存在，育种人遭遇严重侵权却难以举证维权，严重影响了育种研发投入的积极性，损害了公平竞争的市场秩序。可以说，品种权行政执法不足，既有制度方面的问题，也有支持力度不够，缺乏有效手段方面的原因。

（1）从制度上看，品种权保护力度不够。

我国按照 UPOV 公约 1978 年文本框架制定《植物新品种保护条例》，至今实施超过 20 年。新《种子法》将《植物新品种保护条例》的关键性内容列入，但就保护水平而言并未做实质性调整。与大部分国家相比，我国植物新品种保护制度比较落后，与当前建设创新型国家和发展现代种业的要求相比差距甚远。权益人和执法者缺少正常渠道和途径维护权利和打击侵权行为，是造成我国品种权侵权假冒行为泛滥的主要原因。

（2）从执法机构来看，部门分立导致效率低下和资源浪费。

分散的知识产权行政保护机构往往存在部门分割、机构臃肿、缺少有效协调、不能形成合力和效率低下等问题。❶ 就植物新品种而言，现行管理体制下，农业部门和林业部门之间存在的主要问题是行政管理职能分散、交叉、重叠。这些问题除了导致农业部门和林业部门对自己有利的事务争相管理，对自己无利的事务互相扯皮外，❷ 更为重要的是，在复审委员会、行政执法程序等方面，还造成了一个部门有规定，而另一个部门则空白的局面。两个部门无论工作量多少，都要维持一套组织体系，相应地都有自己的办公场所以及人事、法务、对外事务和业务部门等，每个机构都要投入人、财、物进行相应的植物新品种法规调研、宣传、人才培养、信息服务等工作。而植物新品种本身有着共通的特性和运行规律，本身是一个知识产权体系，并没有设立两套机制的必要。因此，根据植物用途不

---

❶ 邓建志. WTO 框架下中国知识产权行政保护 [M]. 北京：知识产权出版社，2009：237.
❷ 姜明安. 服务型政府与行政管理体制改革 [J]. 行政法学研究. 2008（4）：71.

同单独设置各自的行政管理部门造成机构重复，加剧了本来就严重缺乏的高素质植物新品种管理人才的短缺状况，造成资源浪费，增加了知识产权行政管理成本，违背了精简行政机构的方针和公共管理学的基本要求❶。

（3）从手段和措施来看，品种权执法难度加大。

品种权执法专业性强，法律要求高，程序性复杂。将授权品种以其他品种名义，或将其他品种以授权品种名义进行包装销售的套牌侵权，需要辅以必要的专业检测才能确定。缺乏快速科学的品种鉴定标准，标准样品不统一、不标准，以及标准样品检测数据未能实现共享等问题，导致农林品种权执法部门对品种权假冒侵权查处十分困难。个别地区地方保护主义严重，部门利益作祟，导致品种权行政执法尺度不一，与司法保护联动不够，对于品种权假冒侵权行为，不少执法者为简便考虑，多数依据假种子进行行政处罚即宣告结束，不通知权利人对造成的权利损失进行补偿，导致无法及时、有效制裁恶意品种权侵权行为。

（三）我国品种权行政执法的完善

品种权行政执法制度不完善、行政执法能力弱已成为当前影响品种权行政执法成效和植物新品种保护可持续发展的瓶颈问题。对如何强化品种权行政执法，提出如下建议。

（1）完善品种权行政执法途径。

一是扩大品种权的保护范围，畅通执法途径。由于植物新品种具有季节性、生物性等特点，执法者难以在短时间内获得证据，特别是对于一些常规品种和无性繁殖类品种。保护范围从繁殖材料扩大到收获物和初级加工品，并将对授权品种包括生产、繁殖、销售、提供销售、种子处理，以及存贮、运输等各个环节纳入品种权控制范围。品种权保护范围的拓展，实际上可以拓展执法途径和执法环节，这样有利于权利人和执法者多渠道、多环节地监督、发现、围堵侵权行为，收集侵权证据，从而严厉打击

---

❶ 朱雪忠，黄静. 试论我国知识产权行政管理机构的一体化设置 [J]. 科技与法律，2004（3）：82.

侵权行为，维护健康的种业市场秩序。二是规范农民自繁自用行为。我国是农业大国，农民群体大，作为一种反哺机制，我国应保留农民留种权利，但应当防止部分种子企业滥用农民特权渠道实施侵权行为。现阶段而言，农民在通过家庭联产承包经营制的形式签订的农村土地上自繁自用授权品种应当为育种者权利例外的情形，而不得向其他单位和个人出售其保留的种子。这样做有利于实现育种者权益和农民利益共同得到保护的目标。

（2）提升品种权保护的立法位阶，制定《植物新品种保护法》。

为提升我国农业科技创新水平，增强农作物种业竞争力，满足建设现代农业的需要，国务院2011年4月发布《关于加快推进现代农作物种业发展的意见》，就加快推进现代农作物种业发展提出意见，其中将"完善法律法规""适时修订完善种子法律法规和规章，健全并改进品种测试、品种审定、品种保护和品种退出制度"作为重要的保障措施予以明确。尽管《种子法》修订时已将植物新品种保护的部分条款纳入其中，但是这一立法方案无法解决目前品种权行政执法出现的这些问题，而且《种子法》修订后还引起《植物新品种保护条例》与《种子法》相关规定之间的衔接问题。从植物新品种保护立法的国际实践来说，植物新品种保护单独立法是UPOV成员国的通行做法，尽管日本、韩国、肯尼亚、荷兰、巴拉圭、突尼斯等6个国家没有采用单行立法，而采用植物新品种保护与种子管理法为一体的混合立法，但均将植物新品种保护作为主体内容。应该说，制定单独的植物新品种保护法是最佳的立法例选择。这种立法模式与我国农业与种业的发展趋势及其在国民经济中的地位是相符合的。此外，通过制定《植物新品种保护法》，对有关植物新品种保护的规定进行系统化，包括植物新品种的授权机构、授权条件、测试、复审、品种权的保护范围以及侵权等规定，将现行的条例、实施细则、植物新品种复审审理规定、侵权处理规定以及司法解释的相关内容均融进其中，这样便于整体安排品种权的保护范围、品种权侵权的法律责任以及品种权侵权的行政执法措施等问题，以便更有效地解决当前品种权行政执法中的各种问题和困难。总之，技术的进步、更有效率的市场拓展最终又引发与原有产权结构的矛盾，形成相对无效率的产权结构，此时就需要调整产权结构，植物新品种制度的创新成为必然。❶ 从我国农业育种创新和中国种业的长远发展看，植物新品种保护单行立法是中国种业未来发展的必然选择。

（3）加强品种权行政执法体系建设。

行政管理机构的设置要根据实际工作的需要来进行，该设的要增设，多余的机构要裁并，应合理有效地运用资源，以最小的输入得最大的产出。❷ 为了更好地履行品种权行政执法的职责，必须加强品种权行政执法体系建设，尤其是基层（市县级）农林执法建设。一是设立品种权执法专项经费，对各级执法部门，尤其是对基层执法部门加大培训力度，完善执法装备和建立品种快速检测设施。二是建立全国统一标准品种样品库，建立品种分子检测和田间测试数据共享平台。三是按照《种子法》要求，制订品种权行政执法办法和操作规程，便于执法人员按照规定的程序进行统一执法。四是强化品种权实施许可备案制度，加大假冒侵权案件曝光力度，引导全社会共同监督品种侵权行为。五是加强部门、区域协作，加大行政执法、司法保护联动，就案件移送、审查、信息通报等加强沟通，及时掌握品种权假冒侵权动态。

【本章小结】

本章主要介绍植物新品种权的法律保护，以品种权保护的法律渊源为切入点，详细介绍了侵犯植物新品种的行为及需承担的各种法律责任。品种权保护的法律渊源包括宪法、法律、行政法规和部门规章等。根据两部实施细则的规定，侵犯植物新品种的行为包括未经许可实施授权品种的行为和假冒授权品种的行为。在责任的承担上，本章详细介绍了侵

---

❶ 廖秀健，胡杨明. 植物新品种保护的法经济学分析与公共政策研究［M］. 北京：中国法制出版社，2013：71－77.

❷ 孟鸿志. 知识产权行政保护新态势研究［M］. 北京：知识产权出版社，2011：58.

权行为人应承担的民事责任、行政责任和刑事责任。在品种权侵权纠纷的解决上，主要有协商、行政调解和民事诉讼等方式。品种权纠纷民事诉讼的管辖法院和审理程序等内容，最高人民法院相关司法解释中作了明确的规定。而在发生品种权侵权时，当事人也可以选择向行政机关寻求行政救济。行政执法在品种权的保护中具有效率高的优势，但当前我国的品种权行政执法还存在诸多问题，亟待完善。

 问题与思考

1. 品种权保护的法律渊源有哪些？

2. 如何理解侵犯品种权的行为？

3. 侵犯品种权的行为人如何承担法律责任？

 典型案例

北京奥瑞金种业股份有限公司诉张某某、李某某侵犯植物新品种权案*

玉米新品种"蠡玉16号"于2003年取得植物新品种权，品种权号为CNA20020283.9，品种权人为蠡县玉米研究所。2002年1月31日，蠡县玉米研究所与北京奥瑞金种子科技开发有限公司签署《联合开发协议书》，授权北京奥瑞金种子科技开发有限公司"独家生产、经营蠡玉16号"。后北京奥瑞金种子科技开发有限公司依法变更为北京奥瑞金种业股份有限公司。北京奥瑞金种业股份有限公司在该案中为原告。2004年5月1日，经农业部核准，品种权人由蠡县玉米研究所变更为石家庄蠡玉科技开发有限公司。2010年8月，原告发现张某某、李某某未经品种权人授权，擅自生

---

* 甘肃省张掖市中级人民法院. 甘肃省张掖市中级人民法院判决书［DB/OL］. (2011 - 01 - 13)［2017 - 06 - 16］. http: //ipr. court. gov. cn/gs/zwxpz/201101/t20110113_100245. html.

产"蠡玉16号"杂交玉米种子。原告起诉请求人民法院判令被告立即停止侵权，不得销售已生产的侵权种子，对已生产的侵权种子作转商或灭活性处理；请求判令张某某、李某某赔偿原告经济损失20万元。

被告张某某、李某某辩称：春天的时候张披人到其农场联系制种，每亩地给了600元，亲本种子也是张披人提供的，至于张披人是谁自己也不管，更没有过问，也不清楚叫啥名字。当时说好收获后再给1000元。委托方也没有告诉具体是什么种子，后来委托方也联系不到、找不到了。

法院经审理查明，河北省蠡县玉米研究所与北京奥瑞金种子科技开发有限公司于2002年1月31日签署《联合开发协议书》一份，约定双方共同联合开发由河北省蠡县玉米研究所选育的"蠡玉16号"玉米新品种。2003年7月1日，"蠡玉16号"玉米新品种经农业部核准依法取得植物新品种权，品种权号为CNA20020283.9，品种权人为蠡县玉米研究所。2003年7月15日蠡县玉米研究所依据上述《联合开发协议书》，授权北京奥瑞金种子科技开发有限公司对"蠡玉16号"品种"独家生产、经营"，并特别授权北京奥瑞金种子科技开发有限公司及该公司分支机构可以自己的名义实施维权活动，包括诉讼和非诉讼方式。2003年10月10日，北京奥瑞金种子科技开发有限公司经北京市工商行政管理局核准，公司名称变更为北京奥瑞金种业股份有限公司。2004年3月11日，蠡县玉米研究所（转让方）与石家庄蠡玉科技开发有限公司（受让方）签订了《玉米新品种品种权转让协议》，其中约定转让方以合法品种权人的身份"将……蠡玉16号……等玉米新品种权无偿转让给乙方"，上述转让行为依法办理了著录项目变更登记，该种的植物新品种权由蠡县玉米研究所变更为石家庄蠡玉科技开发有限公司。2004年3月15日，石家庄蠡玉科技开发有限公司给北京奥瑞金股份有限公司出具公函一份，该份公函授权并声明"根据蠡县玉米研究所与我公司（指石家庄蠡玉科技开发有限公司，下同）签署的《玉米新品种品种权转让协议》，玉米新品种蠡玉16号已依法转让给我公司。鉴于贵公司（指北京瑞奥金种业股份有限公司，下同）已与蠡县玉米研究所签署《联合开发协议书》（合同乙方为贵公司改制前名称），根据该协议，'甲方（即蠡县玉米研究所）授权乙方（北京奥瑞金种子科技开发有限公司）独家生产、经营蠡玉16号，未经乙方书面同意，甲方不得许可任何第三方生产、经营上述品种'……一、……继续授权贵公司独家生产、经营蠡玉16号……二、……继续授权贵公司对他人未经许可擅自生产经营蠡玉16号的各种侵权行为单独以自己名义或再授权贵公司分支机构以分支机构名义进行包括诉讼在内的各种维权活动"。2005年4月12日，"蠡玉16号"玉米品种经第六届北京市农作物品种审定委员会第五次会议审定通过，审定编号为京审玉2005011。且通过司法鉴定，涉嫌侵权地提取的玉米果穗与标准的"蠡玉16号""相同或极近似"。

法院认为：原告可以证明自己系"蠡玉16号"玉米新品种的"独家生产经营单位"，且品种权人明确授权原告可以自己的名义单独对他人的侵权行为提起诉讼，原告作为涉案品种的独占实施许可人，有权对他人的侵权行为提起诉讼，本案原告主体资格适格。关于被告是否实施了侵权行为的问题，司法鉴定结论可以证明被告生产的种子与受保护品种"蠡玉16号"属于同一品种。二被告在庭审时一致陈述，其种植的玉米杂交种是受一张披人委托生产，亲本种子亦由该人提供，但并未对其陈述提交相应的证据予以证实，对此，虽然被告张某某、李某某属于农村承包经营户，但并未举出证据证明自己生产的侵权种子确系他人委托。《最高人民法院关于审理侵犯植物新品种权纠纷案件具体应用法律问题的若干规定》第8条规定"以农业或者林业种植为业的个人、农村承包经营户接受他人委托代为繁殖侵犯品种权的繁殖材料，不知道代繁物是侵犯品种权的繁殖材料并说明委托人的，不承担赔偿责任"，因此，二被告的行为不适用免除赔偿责任的法律条款，二被告的生产行为构成侵权，被告张某某与被告李某某其生产行为系各自完成，在本案中二被告不构成共同侵权，依法由二被告分别承担相应的侵权责任。

最终，法院判决二被告停止侵权行为，不得销售生产的"蠡玉16号"杂交玉米种子，生产的侵权种子作转商或灭活性处理；二人分别承担5万元侵权赔偿责任。

第十章

有关植物新品种的国际公约

相关国际公约
《国际植物新品种保护公约》（UPOV）
《与贸易有关的知识产权协定》（TRIPs）
《生物多样性公约》（CBD）
《粮食和农业植物遗传资源国际条约》（ITPGRFA）

国际植物新品种保护趋势
发达国家力推 UPOV 模式
发展中国家寻求平衡保护

我国的应对

第一节　相关国际公约

一、《国际植物新品种保护公约》

（一）UPOV 概况及基本原则

随着现代农业科学的深层次发展与技术的不断革新，植物品种及其产品的买卖活动往往不会仅限于一国范围之内，为了使这些植物品种的培育者的合法权益在本国以外的其他国家也得到有力的保护，1961 年 12 月，以英国、荷兰、德国等国家为主要的发起者，在法国的巴黎缔结了《国际植物新品种保护公约》（International Convention for the Protection of New Varieties of Plants，简称 UPOV 公约），并在此基础上成立了"国际植物新品种保护联盟"（UPOV）。UPOV 的性质是一个国际的政府间的机构，该机构成立的主要目的是保护其成员国承认的植物新品种权申请人的合法权益不被侵犯，该机构同样也规定了受保护的植物新品种需要满足的条件。❶

UPOV 公约是国际上保护植物育种者权益不可或缺的法律文件。该公约主要是通过协调各个成员国之间有关植物新品种保护的法律、法规，来保证育种者的植物品种专有权。UPOV 公约规定了国家之间保护植物新品种权的基本准则。该公约 1961 年签署于法国巴黎，并分别于 1972 年、1978 年和 1991 年经过三次修订。❷

现在国际上使用比较普遍的两个 UPOV 公约文本是 UPOV 公约 1978 年文本和 UPOV 公约 1991 年文本。UPOV 公约 1978 年文本对植物新品种保护的要求相对比较低，比较容易实施，相对来说比较适合育种水平不是太高、知识产权保护制度还不太完善的发展中国家。而 UPOV 公约 1991 年文

---

❶ 何忠伟，隋文香. 农业知识产权教程 [M]. 北京：知识产权出版社. 2009：78.
❷ 刘银良. 生物技术的知识产权保护 [M]. 北京：知识产权出版社. 2009：253.

本对植物新品种的保护范围大、水平高，参加公约的条件比较苛刻，适合法律保护机制比较健全、育种水平高度发达的国家。我国于 1999 年加入 UPOV 公约，成为该组织的第 39 个成员，并适用 1978 年文本。

UPOV 公约 1978 年文本第 2 条规定了"双重保护禁止"原则，即成员国既可以选择对植物新品种权制定专门的法律加以保护，也可以通过专利法对植物新品种权加以保护。如果成员国的国内法允许提供两种方式的保护，对于同一种植物的种和属，只能提供一种保护。而该公约 1991 年文本中第 35 条规定："在成为本公约的成员国时，已是 1978 年文本的成员国，以及通过工业产权而不是育种者权对无性繁殖的品种给予保护的成员国，有权继续其原有的保护，对这些品种可以不适用本公约。"这表明 UPOV 公约在一定程度上已经放弃了"双重保护禁止"。

（二）植物新品种权的授予条件

作为保护植物品种权的国际公约，与保护工业产权的《巴黎公约》等其他知识产权方面的国际公约一样，UPOV 公约规定了一些基本原则，主要包括独立保护原则、国民待遇原则、优先权原则和临时保护原则等，这些原则可以帮助育种者实现在不同缔约方领土内的植物品种权。依据 UPOV 公约的规定，申请者要获得育种者权或植物新品种权，申请的植物新品种应满足的条件包括新颖性、特异性、一致性、稳定性和适当的命名。

新颖性是指，如果在申请日之前 1 年内（在本国）、4 年内（在外国）或 6 年内（在外国及品种属树木或藤木的情形下），一个品种的繁殖材料或收获材料尚未为利用该品种之目的被育种者本人（或经其同意）出售或以其他方式处置给他人，则被认为具有新颖性。特异性是指，一个品种在申请日显然有别于任何其他品种。一致性是指，除可以预见的与其繁殖特点相关联的变异外，如果一个品种经过繁殖其相关特征或特性表现足够一致，就认为其具备一致性。稳定性是指，如果一个品种经过反复繁殖其有关特性保持不变，或者在特定繁殖周期的每个周期末其有关特性保持不

变，就认为该品种是稳定的。❶

（三）UPOV 公约植物新品种权的内容

按照公约的规定，如果育种者得到某个品种的植物新品种权，那么就有权限制其他人的以下活动。

与繁殖材料有联系的行为：他人若想进行与繁殖材料有关的行为必须先取得权利人的授权，才可以针用繁殖材料进行以下行为：生产或繁殖、为繁殖目的的其他行为、许诺销售、出口、进口以及用于上述目的的储存。生物学上的繁殖材料主要是指可以用来繁殖或培育特定植物品种的材料，如种子、块根等。

与收获材料相关的活动：使用植物新品种的材料进行繁殖的，都应当获得育种者授权，没有获得授权不得进行繁殖行为，没有经过授权进行繁殖的属于侵权行为。这里的收获材料主要是指利用繁殖材料中得到的植物所收获的材料，可以包括整个植株或植株的一部分。

与直接制作的产品有关的活动：任何人只有在得到育种者的授权后才能直接使用受保护品种的收获材料制作其他产品，没有授权不得实施以上行为，除非该育种者已通过其他合法途径取得了对收获材料的使用权。

对实质衍生品种的保护：实质衍生品种是指从初始的品种显著的衍生出的品种或者从本身就是实质衍生品种衍生来的品种。实质衍生品种可以与初始品种有较大的区别，但是同时又保留着由初始品种的基因型或者基因型组合产生的特征表达。

（四）UPOV 公约对植物新品种权的限制

任何权利都不是绝对的，UPOV 公约在规定了育种者的权利的同时，还对育种者的权利进行了必要的限制，主要包括以下几方面。

合理使用（侵权例外），这一例外是无条件的，只要符合了公约规定的适用条件，就可以免除责任。根据公约的规定，育种者权利在以下几种情况下不适用：私人的非商业活动；为了实验目的的活动；为了培养其他

---

❶ 刘银良. 生物技术的知识产权保护 [M]. 北京：知识产权出版社. 2009：255.

品种进行的活动；对该品种的应用。

农民的特权：即有条件的不适用，只有在满足特定条件的情况下才不适用品种权。如果涉及农民对品种的使用，育种者的权利可能会受到一定的限制，而是否受限制主要取决于农民所在的缔约方的国内法的相关规定。相对于 1978 年文本来说，UPOV 公约 1991 年文本弱化了农民特权的规定。

品种权权利用尽：如果权利人拥有的新品种权物品已经合法出售，权利人就不再拥有该权利，也就无法律上的依据去控制该品种的各种行为。UPOV 公约规定："对于受保护的品种或者其实质衍生品种的繁殖材料、收获材料和由收获材料直接制成的产品，或者这些材料的衍生材料，一旦由育种者本人或者经其同意在缔约方的领土上售出，则育种者权就不再适用。"

为公共利益的免责：如果利用某品种是为了公共利益的需要而进行的，那么权利所有人就不可以主张该权利，但使用该品种应当尽力采取必要措施给予育种者相对公平的报酬。

（五）UPOV 公约 1978 年文本与 1991 年文本的区别

UPOV 公约最早是由欧洲国家倡导建立的植物新品种国际保护制度。公约缔结后经过了 1972 年、1978 年、1991 年三次修改。目前生效的有 1978 年和 1991 年两个文本，这两个文本有以下主要区别。

首先，1991 年文本在保护植物新品种的方式选择上赋予了灵活性。1978 年文本明确规定缔约国如果承认专门品种权或专利权，则只能提供其中一种保护方式；1991 年文本对是否应采用其中一种或两种兼用保护方式等未作规定，实际上就取消了对同一植物品种只能提供一种保护方式的限制。❶

其次，对"农民特权"的规定有变化。1978 年文本规定：农民特权强

---

❶ 王志本. 从 UPOV1991 文本与 1978 文本比较看国际植物新品种保护的发展趋向 [J]. 中国种业，2003（2）.

制应用于所有植物属或种，除了为商业目的的生产外，其他生产活动是被允许的。而 1991 年文本则规定：农民特权的应用在政府的控制之下。缔约方可以在合理的范围内，在保护育种者合法权益的条件下，对品种权进行限制。允许农民使用在自己土地上种植的保护品种的收获产品，在自己的土地上为繁殖的目的进行的生产活动。这表明，UPOV 成员国政府可以自行规定农民特权的有无或享有程度，条约不再对此有强制性要求，这实际上是为加强育种者权利提供了更大的空间。❶

再次，1991 年文本明显扩大了植物新品种保护的属、种的数量，对加快全部植物品种保护进度提出更硬性的要求。1978 年文本对保护植物属和种的数量要求比较低，对具有约束力的硬性规定，如实施保护的属或种的数量和逐步扩大保护范围的期限，比较宽容和弹性。该文本规定：每个联盟成员国自本公约在其领土生效之日起，应至少对 5 个属或种实施本公约的规定。随后，每个联盟成员国于本公约在其领土生效之日起的以下期限内，应对更多的属或种实施本公约的规定：（1）3 年内至少有 10 个属或种；（2）6 年内至少有 18 个属或种；（3）8 年内至少有 24 个属或种。在申请国及成员国提出特殊困难情况下，可以对上述保护属、种数量限额裁减以及期限延长的规定。修订后的 1991 文本则要求：最迟自上述（受本公约约束）之日起，至 5 年期满时，适用于所有植物属和种。对联盟的新成员国则要求：自受本公约约束之日起，至少适用于 15 个植物属和种；最迟自上述之日起，至 10 年期满时，适用于所有植物属和种。

最后，1991 年文本加大了品种权保护的力度。两个文本均保护授权品种的繁殖材料，但在对收获材料的保护上，1978 年文本规定成员国可以自由选择是否对收获材料进行保护，而 1991 年文本则做了明显的扩展。该文本规定保护品种繁殖材料在生产或繁殖、为繁殖而进行的处理、许可出售、出售或其他市场销售、出口、进口以及出于上述目的的贮存需要育种

---

❶ 廖秀健，谢丹. UPOV 91 文本与 78 文本的区别及其对我国的影响 [J]. 湖南科技大学学报（社会科学版），2010（2）：75 – 79.

者的授权。在保护的领域上对收获的材料规定未经授权使用受保护品种的繁殖材料而获得的收获材料，包括整株和植株部分，应得到育种者授权，但育种者对繁殖材料已有合理机会行使其权利的情况除外。对直接从授权品种收获材料所获得的产品的保护上，规定各项活动（生产或繁殖；为繁殖而进行的种子处理；提供销售；售出或其他市场销售；出口；进口；用于上述目的的原种制作）未经授权使用的受保护品种收获材料直接制作的产品，应得到育种者授权，但育种者对繁殖材料已有合理机会行使其权利的情况除外。而这些在 1978 年文本中是没有明确规定的。从以上规定可以看出 1991 年文本显著扩展了植物品种权的范畴，也大大加强了育种人的权利。

二、《与贸易有关的知识产权协定》

1994 年关贸总协定乌拉圭回合谈判中，发达国家成功在世界贸易体系中加入了知识产权保护，最终形成了《与贸易有关的知识产权协定》（TRIPs 协定）。TRIPs 协定中有关植物新品种保护的内容集中在第 27. 3（b）条，❶ 该条规定缔约方可以不对植物授予专利，但应对植物新品种给予保护，保护方式可以是专利、专门有效制度保护、两种制度协调保护，TRIPs 协定并没有另外建立一套保护制度，而是对现有的保护方式提出建议，成员国可以自由选择，但必须建立有效制度保护植物新品种。目前大多数国家选择了植物新品种权的方式保护，TRIPs 协定的这项规定间接促进了 UPOV 模式在国际上的推广。对农民权的问题，焦点在 TRIPs 协定是否需要规定灵活性条款，如允许传统农民继续保有和交换其收获的种子。❷

在 TRIPs 协定中，植物新品种保护是一道选择何种保护方式的题目，

---

❶ TRIPs 协定第 27. 3（b）款规定了成员国可以对"除微生物外的植物和动物，以及除非生物和微生物外的生产植物和动物的主要生物方法"不授予专利，但是，"各成员应规定通过专利或一种有效的特殊制度或通过这两者的组合来保护植物品种。本项的规定应在《WTO 协定》生效之日起四年后进行审议"。

❷ 祁民，胡峰. TRIPS 框架下的生物剽窃和生物多样性保护［J］. 求索，2007（10）：8 - 10.

是发达国家利用知识产权体系争取更多利益的武器，是发展中国家利用植物遗传资源优势抵挡发达国家专利包围攻势的盾牌。发达国家凭借其技术优势想要突破植物品种专利保护的限制，在全球经济中占领制高点，因此，对第 27.3（b）条审查就希望只在原来的框架内讨论植物新品种保护，消除生物专利限制。发展中国家则希望对第 27.3（b）条进行实质性审查，而不是仅仅针对实施措施的审查，希望能在原来的框架内加入遗传资源披露、农民权利等内容，加大生物技术专利限制范围。正是两者利益诉求不同，矛盾突出，造成第 27.3（b）条审查迟迟没有进展。

三、《生物多样性公约》

（一）CBD 的由来

《生物多样性公约》（Convention on Biological Diversity，CBD）是综合保护全球生物多样性的国际公约，于 1992 年 5 月 22 日由联合国环境规划署发起的政府间谈判委员会第七次会议在肯尼亚的内罗毕讨论通过，1992 年 6 月有 150 多个国家在巴西的里约热内卢联合国环境与发展大会上签署了这份文件，公约于 1993 年 12 月 29 日正式生效，一共有 153 个国家和地区在大会上面签署，目前公约总共有 194 个缔约方，在世界范围内得到广泛认可。我国于 1993 年 1 月 5 日加入，成为最早批准公约的缔约方之一。国内牵头履约的是原环境保护部，在原环境保护部建立了生物多样性保护办公室（自然生态保护司），负责国际履约和国内生物多样性的保护工作。

CBD 是世界上保护生物多样性与生物资源可持续利用方面最具影响力的国际公约，由序言，正文和附件三部分组成，总共 42 条。CBD 确立了三方面的目标：第一，保护生物多样性；第二，对生物多样性的组成部分进行可持续利用；第三，公平合理地分享利用遗传资源而产生的惠益。

（二）CBD 的原则

1. 国家主权原则

CBD 对遗传资源采用的是国家主权原则。CBD 在序言中就写明："各国对它自己的生物资源拥有主权权利，也重申各国有责任保护它自己的生物多样性，并以可持续的方式利用它自己的生物资源。"在第 15 条中也写道："各国对其自然资源拥有主权权利，可否取得遗传资源的决定权属于国家政府，并依照国家法律实行。"CBD 确定了国家对遗传资源享有主权，但同时也提到"确认保护生物多样性是人类共同关切的问题"。表明 CBD 在认可国家对于遗传资源享有主权的同时也强调国家对保护和可持续利用遗传资源的责任，在国家主权和国际共同义务之间作了平衡。

2. 知情同意原则

CBD 第 15 条第 5 款规定对遗传资源的取得"必须经过提供这种资源的缔约国事先知情同意"，即遗传资源提供国有事先知情同意权；第 15 条第 6 款规定在"利用由其他缔约国提供的遗传资源进行开发和科学研究的同时，应该力求让这些缔约国参与，并且尽可能在这些缔约国内进行"。CBD 将事先知情同意原则作为获取前必须履行的义务，是为了改变生物技术发达的国家获取别国遗传资源而产生的利益失衡——事先知情同意原则确认遗传资源提供方的控制权和所有权，申请获取同意的资源利用方在尊重该控制权或所有权的基础上提供相关开发利用活动的全面信息，而提供方对获取的批准则是在充分知情的情况下作出，并且由此作出惠益分享安排，从而最大程度保障公正性。❶

3. 惠益分享原则

CBD 第 19 条第 2 款："每一个缔约国应采取一切可行措施，以赞助和促进那些提供遗传资源的缔约国，特别是发展中国家，在公平基础上优先取得基于其提供资源的生物技术所产生的成果和惠益。"第 19 条第 7 款："每一个缔约国应酌情采取立法、行政或政策性措施，以期与提供遗传资源的缔约国公平分享研究和开发此种资源的成果以及商业和其他方面利用此种资源获得的利益。这种分享应该按照共同商定的条件进行。"另外，

---

❶ 周寒立. 论《生物多样性公约》中遗传资源获取和惠益分享原则及其实践 [D]. 复旦大学，2009：52.

第16条第3款明确"每一缔约国应酌情采取立法、行政或政策措施，以期根据共同商定的条件向提供遗传资源的缔约国，特别是发展中国家，提供利用这些遗传资源的技术和转让此种技术，其中包括受到专利和其他知识产权保护的技术"。依据CBD第16条、第17条、第18条，惠益分享的方式主要是生物技术取得和转让、信息交流和技术科学合作等。依据CBD第15条、第16条、第19条，可以分享的惠益有：第一，研究和开发成果；第二，利用遗传资源获得的商业和其他惠益；第三，生物技术的获取或转让；第四，利用生物技术产生的成果或者惠益。总的来说惠益被分成货币性惠益和非货币性惠益，围绕遗传资源利用的方方面面几乎都可以作为惠益被分享。惠益类型的多样化有利于缔约国从遗传资源的利用中获益，也能让缔约方更灵活地对惠益分享作出安排。尤其是非货币惠益中很多项都是针对作为遗传资源提供方的发展中国家，力求让这些国家能够在遗传资源利用的过程中获得利益，从而使这些国家更好地投入生物多样性的保护之中。

四、《粮食和农业植物遗传资源国际条约》

《粮食和农业植物遗传资源国际条约》（International Treaty on Plant Genetic Resources for Food and Agriculture，ITPGRFA），于2001年11月3日在联合国粮农组织（Food and Agriculture Organization of the United Nations，FAO）大会第31届会议上获得通过，并于2004年6月29日正式生效，主要成员为亚非拉等发展中国家。条约明确肯定了耕作者对植物育种的贡献与科研人员在实验室的贡献同样重要，"粮食和农业植物遗传资源是作物品质改良不可缺少的原始材料。不论这种改良是耕种者的经验选择、正规的育种实验或是利用现代的生物技术方法实现的"，❶ 明确了耕作者保存、使用、交换和出售农场保存的种质及其他繁殖材料，参与决策制定，公正公

---

❶ The Contraction Parties and Article 9 – Farmers' Righrs（9.2）（9.3），International Treaty on Plant Genetic Resources for Food and Agriculture［EB/OL］. http：// www. fao. org/ag/cgrfa/Default. htm，2001.

平地分享粮食和农业植物遗传资源的使用所带来的利益等基本权利。我国目前正在考虑加入该条约。

这份具有法律约束力的条约鼓励通过植物育种者、农民及公共和私营研究机构之间平等分享遗传材料及其利益来发展可持续农业。发展中国家最初将有关食品和农作物方面的植物基因资源都视为公共资源，并反对对所有这些资源声称或主张知识产权，然而，当植物基因资源免费地、无节制地从生物多样性丰富的发展中国家流向位于发达国家的育种者并被授予知识产权时，发展中国家开始借助联合国粮农组织下设的"食品和农业基因资源委员会"开展工作，以保护本国基因资源。在发展中国家的努力下，自 TRIPs 生效开始，经过几年的艰苦谈判和协商，食品和农业基因资源委员会通过一个新的 ITPGRFA。该条约确立了农民权利原则、国家主权原则和禁止对国际种子库基因资源主张知识产权原则以对抗发达国家支持的生物技术专利权、植物品种育种者权。公约对"可持续农业和粮食安全保存和可持续地利用粮农植物遗传资源以及公平合理地分享因利用这些资源而产生的利益"作了明确规定。但很多发达国家不接受这种公平分享的概念。

第二节　国际植物新品种保护趋势

一、发达国家力推 UPOV 模式

发达国家通过将植物品种保护纳入 TRIPs 协定，并凭借 TRIPs 协定的强制性惩罚机制，推动植物新品种保护向国际化、高水平方向迈进，极力推行UPOV公约1991年文本。据统计，[1] 截至 2017 年，UPOV 公约共有 75 个成员，自 1968～1994 年，共有 27 个国家加入 UPOV 公约，其中发达国

---

[1] 参见 http：//www.upov.int/export/sites/upov/members/en/pdf/pub423.pdf.

家 22 个，发展中国家 5 个，由此可知发达国家是积极推动 UPOV 的主要力量，目的是为发达国家在发展中国家攫取利益保驾护航。而自 1994 年 TRIRs 制定对植物新品种保护的强制规则之日至 2017 年，UPOV 公约新增 48 个成员，其中，发达国家 6 个，发展中国家 42 个，大量的发展中国家在 TRIPs 协定的压力下加入 UPOV。根据 UPOV 规定，自 1999 年 4 月起，对新加入 UPOV 的国家仅开放 1991 年文本。从以上不难看出，UPOV 是发达国家为了实现自身利益诉求成立的，主要表达的是发达国家的要求。广大的发展中国家多是迫于经济发展水平低，以及为了加入 WTO 享受公平国际贸易机会，从而将加入 UPOV 作为换取发达国家其他方面优惠措施的筹码，被动地接受 UPOV 公约约束。我国于 1999 年加入 UPOV 公约 1978 年文本，主要是为了给加入 WTO 创造条件，从而被动接受了与我国育种产业小而散、育种技术水平不发达以及生存型农业等国情不符的植物新品种保护水平。

二、发展中国家寻求平衡保护

目前的国际植物新品种保护规则主要是发达国家意志作用的结果，是其寻求经济利益全球扩张的集中体现。发展中国家在保护植物新品种的"有效的专门制度"上的立场与发达国家存在分歧，且认为 UPOV 模式没有考虑发展中国家"植物遗传资源丰富、农业生产落后、农民权利需要保障"的现实状况，因此广大发展中国家致力于建立适合本国国情，旨在平衡各方主体利益的品种保护模式。发展中国家认为，现行国际植物新品种保护规则没有肯定遗传资源的权利地位。1992 年 6 月，在广大发展中国家的坚持下，在巴西召开的世界环境首脑会议通过了 CBD，确立了遗传资源国家主权、知情同意与惠益分享三大原则。这与 UPOV 公约只强调育种人权利的倾向极不相同，得到了许多发展中国家的响应。

随着发达国家对发展中国家植物遗传资源掠夺的加剧，发展中国家已经开始意识到生物遗传资源的价值，纷纷要求加强对遗传资源的保护，建立遗传资源的惠益分享机制，围绕此问题的国际斗争将更加激烈。❶ 2001年11月，FAO通过了ITPGRFA。与CBD的宗旨一样，ITPGRFA的目的在于构建植物遗传资源获取和惠益分享机制，满足发展中国家农民对技术的需要，使知识产权保护符合利益共享原则，最终实现粮食安全、植物遗传资源的可持续利用以及农业的可持续发展。ITPGRFA明确了国家对粮食和农业植物遗传资源的主权，其关键部分是对农民权❷作出了明确规定以及提出构建获取和利益分享多边系统，但是，ITPGRFA没有规定具体的实施机制。

为了保护自身的合法利益，广大发展中国家抵触加入专注育种者利益的UPOV公约，在CBD以及ITPGRFA的影响下，努力寻求另外的保护植物新品种的"有效的专门方式"，平衡保护各方利益。

第三节　我国的应对

虽然目前强化植物新品种知识产权保护的趋势仍为发达国家所主导，但广大发展中国家的举动表明了国际植物新品种保护发展的一个新动向：越来越多的国家意识到在植物新品种保护过程中，保护植物育种者的利益固然重要，但农民种植者的权利更不应被忽略和忽视，因为耕作者对植物育种的贡献与科研人员在实验室的贡献同样重要。不可否认UPOV所提供的模式是迄今为止植物新品种保护领域中最成熟的制度，它为各国提供了一种现成的立法框架，但由于它是按照发达国家的商业化农作制度来打造的，因此

---

❶　左安磊. UPOV公约下中国植物新品种法律保护的发展［J］. 中国种业，2012（3）：9-12.

❷　ITPGRFA第9条规定：当地社区和农民以及土著社区和农民，尤其是原产地中心和作物多样性中心的农民，对构成全世界粮食和农业生产基础的植物遗传资源的保存和开发已经作出并将继续作出巨大贡献，要求缔约国根据各自情况采取措施保障农民权利，包括保护与粮食和农业植物遗传资源有关的传统知识的权利、公平参与分享因利用粮食和农业植物遗传资源而产生的利益的权利、参与国家就粮食和农业植物遗传资源保存及可持续利用有关事项决策的权利。

并不十分适合发展中国家的社会环境和农业发展水平。各发展中国家有必要根据自己的实际情况对 UPOV 模式进行修改，以使其适合本国的农业发展，而这也是 TRIPs 协定所允许的。

我国从 1997 年开始建立植物新品种保护制度，于 1999 年 4 月成为 UPOV 公约第 39 个成员，履行 UPOV 公约 1978 文本。随着植物新品种保护制度强化植物育种者权利的单一局面被打破，我国也面临着更多的选择，也将会拥有更多的发展机遇。因此在我国植物新品种保护工作上，应立足于我国国情，树立既竞争又合作的理念，加强与各国的沟通与交流，进一步发展和完善我国的植物新品种知识产权保护制度，以更好地促进我国农林业的可持续发展。

一、积极参与国际合作与交流

一方面，要学习发达国家在植物新品种保护上先进的管理机制，不断完善我国植物新品种保护制度；另一方面，也要充分考虑我国植物基因资源丰富、农林业科技研发能力还较低的实际情况，与其他发展中国家紧密合作，充分利用 WTO 谈判平台主张我国应有的权益，维护国家的长远利益。

二、完善植物新品种保护技术支撑体系

目前，我国采取的植物新品种的审查方式是书面审查、集中测试和现场考察三种形式，以书面考察为主。但是，书面审查需要植物新品种已知数据库作为平台。因此，现阶段必须尽快建立植物新品种已知数据库的建设。同时，还必须加快修订 DUS 测试指南，完善 DUS 测试技术体系，建立 DUS 测试技术共享机制。原始品种范围的扩大，使更大范围的植物新品种可以受到原始的保护，将后品种权人有效转化为原始品种权人，更多的原始品种权人的权利可以得到依法、有效的保障，因此，还要加快对原始品种和派生品种相关指标的研究设定，提高相关领域原始品种的数量和质量。

三、落实农民对遗传资源利用的惠益分享权

我国作为一个农业大国，更好地合理地保护农民权利显得尤为重要。本书认为，应当落实 1992 年《生物多样性公约》所确定的原则：一国在使用他国生物遗传资源时，应依据主权原则、知情同意原则、惠益分享原则，征得资源被采集国的同意，让保护生物遗传资源的农民公平、均等地分享使用遗传资源的研究成果获得的新品种商业利益。但遗憾的是，目前我国在利用现有国际法律框架，将强化农民权利保护的重要支撑的 CBD 原则融入植物品种权立法方面还是空白。

我国现行植物新品种保护法律法规的制定不但具有被动性和临时性的特点，而且各规章之间还存在明显冲突或者明显错误的地方，这都是由于在制定这些规定的阶段，我们对植物新品种保护制度在认识上存在模糊或认识不清所致。❶ 我国应当借鉴安第斯共同体国家、巴西、哥斯达黎加等国家以及我国修订《专利法》的成功做法，修订《植物新品种保护条例》关于提交信息的规定，增加在申请植物新品种权时披露其成果所涉及遗传资源的来源和原产地证明，出示事先知情同意书、惠益分享协议。以此制度，落实农民对遗传资源利用的惠益分享权的实现，抵消因"农民特权"弱化对我国农民的负面影响。

四、审慎考量是否加入 UPOV 公约 1991 文本

我国是一个发展中国家，加入公约时国内还不具备执行 UPOV 公约1991 年文本的条件，但是随着我国育种技术的发展、植物新品种保护制度的完善、国际交流合作的加强、国内育种产业的发展，我国也面临着加入UPOV 公约 1991 年文本的重要战略抉择。❷ 在决策前，需要做好以下工作：一要了解我国目前不同作物派生品种的种类、数量、所占的比例等，探讨对

---

❶ 李菊丹. 论 UPOV1991 对中国植物新品种保护的影响及对策 [J]. 河北法学，2015（12）：98 – 112.

❷ 单忠德. 植物新品种保护若干问题的思考 [J]. 江西农业学报，2010（11）：15 – 18.

派生品种保护将会对我国育种界产生的影响；二要调研 UPOV 公约 1991 文本对农民特权的限制将会对我国以农业为生计的农民产生什么样的影响。与此同时，我国可以对已经加入 UPOV 公约 1991 文本的国家进行研究。日本作为亚洲唯一经历从 1978 年文本向 1991 年文本转变的国家，其植物新品种保护制度的发展历程和经验值得我国借鉴。❶

【本章小结】

植物新品种的保护方式有两种：植物新品种权和专利权，UPOV 公约提供了一种专门保护思路，植物新品种权是专为植物品种保护而设计的权利制度，考虑到农业生产的特殊性和植物有生命的特征，增加了"育种者豁免"和"农民特权"的内容，同时 UPOV 保护模式并非是强制的。UPOV 公约规定的独立保护原则、国民待遇原则、优先权原则和临时保护原则等可以帮助育种者实现在不同缔约方领土内的植物品种权。TRIPs 协定并未对植物新品种保护提供新的保护机制，而是延续了 UPOV 公约的思路，成员国可以自行选择保护方式。随着 UPOV 公约的多次修改，植物新品种权的保护趋向严格，专利化倾向明显，发达国家极力要求发展中国家采用保护程度更高的 1991 文本对植物新品种进行保护，以维护本国育种者在他国的权益，赢取更大的市场效益。为了应对这一状况，发展中国家要求在 TRIPs 协定第 27.3 (b) 条审查时加入植物遗传资源保护的相关内容，试图以自身植物遗传资源优势来弥补科研劣势，防止被发达国家的知识产权包围。有关植物新品种"源头"保护内容的国际条约集中在 CBD 和 ITPGRFA，明确一国对自己国内植物遗传资源具有主权，要求申请人说明材料来源，以弥补现有知识产权体系中的只关心成果不问来源的制度缺陷。

我国于 1999 年 4 月成为 UPOV 第 39 个成员，履行 UPOV 公约 1978 文

---

❶ 黄平，郑勇奇. 国际植物新品种保护公约的变迁——日本和韩经验借鉴 [J]. 世界林业研究，2013 (3)：64 –69.

本。随着植物新品种保护制度强化植物育种者权利的单一局面被打破，我国也面临着更多的选择，也将会拥有更多的发展机遇。因此，我国在植物新品种保护工作上，必须立足本国国情，综合考虑科研水平、行业发展状况、植物新品种创造的经济效益、法律实施情况等多种因素，借鉴其他发展中国家的立法成果，吸收 CBD 三大原则，综合考量 UPOV 公约 1991 文本的利弊，制定符合国情的法律法规，而不能盲目跟随国际发展趋势。同时，加快种子企业的转型，加大企业育种研发投入，充分利用我国现阶段植物新品种保护制度，提高我国在育种行业的世界竞争力。

 问题与思考

1. UPOV 公约 1978 年文本与 1991 年文本有何区别？
2. 如何理解 CBD 三大原则？
3. 论述国际植物新品种保护趋势及我国的对策。

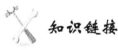 **知识链接**

国际农业植物新品种知识产权保护的三个发展阶段

第一阶段：国内法阶段（20 世纪 30 年代至 20 世纪 50 年代末）

20 世纪 30 年代以前，传统知识产权制度的保护范围一直将植物新品种保护排除在外。随着科技进步和社会的发展，植物育种给农林业带来了巨大的经济效益，植物育种者的贡献愈显突出。如何保护育种者权利以进一步推进植物育种工作的重要性就日益突出。在这种情况下，欧美等国家便就如何保护育种者的权利进行立法。美国是世界上最早确立以专利形式对植物育种者权利予以保护的国家。1930 年 5 月 13 日，美国颁布了 Townsen‑Purnell 植物专利法案，将无性繁殖的植物品种（块茎植物除外）纳入专利保护范畴，该法规定："任何发明或者发现并以无性方法繁殖的可区别的新的植物品种，包括培育的芽、变株、变种和新发现的种籽，除块茎繁殖物或未经培育而发现的植物以外，均可依据本法规定的条件和要求获得专利（本条曾经修改）。"而与美国相比，欧洲尊重专利法的传统理论，始终认为传统专利法保护植物新品种的障碍无法克服，为了保护育种者的权利，促进农林业生产的发展，许多国家制定了各自的植物新品种保护法，通过授予育种者植物品种权来保护其权利，如法国、德国、比利时、荷兰等开始探索用其他方式来保护育种者的权利，走上了以专利法之外的特别法保护植物新品种的道路。荷兰与德国于1942年、1953年先后通过植物新品种保护法，赋予植物新品种育种者以生产和销售植物新品种繁殖材料的排他性权利。这是植物新品种知识产权保护制度发展的第一阶段，即国内法保护阶段。这一阶段植物新品种保护的发展较为缓慢，影响仅限于其国内，且主要保护植物育种者权利。

第二阶段：国际化阶段（20世纪60年代至1994年）

20世纪60年代以前，一些国家（如荷兰、德国）对植物育种者提供有限的保护，然而由于各国授权条件不同，甚至对品种的概念也不完全一致，因此不能保证在一国得到保护的新品种在另一国也能得到同样的保护，并由此带来贸易障碍。这些种种困难导致一些欧洲国家走到一起以寻求解决问题的出路。正是这些欧洲植物育种发达国家促进了UPOV公约的建立。1957年法国外交部邀请12个国家和3个政府间国际组织——保护知识产权联合国际局（BIRPI）、联合国粮农组织（FAO）、欧洲经济合作组织（OECE），参加了在法国召开的第一次植物新品种保护外交大会。本次大会形成了决议，并规定了下次外交大会的时间和需要进一步准备的工作。1957～1961年，经过几轮专家会议，拟订了国际植物新品种保护公约（International Convention for the Protection of New Varieties of Plants，简称UPOV公约）草案。1961年，第二次植物新品种保护外交大会在巴黎举行。这次外交大会对公约草案做了相应的修改，最终通过了具有41条内容的公约，并由比利时、法国、德国、意大利和荷兰等5个国家的全权代表签署了公约。之后，丹麦、瑞士、英国于1962年11月也签署了公约。但按照外交大会决议，公约的生效需由3个国家批准才行。公约于1968年8月10日正式生效，第一个批准公约的国家是英国（1965），第二个国家是荷兰（1967），第三个国家是德国（1968）。公约的生效标志着UPOV这个政府间国际组织的正式成立，也标志着植物新品种保护制度的国际体系开始建立，植物新品种知识产权保护从此进入了一个国际化（主要为植物育种发达国家间）发展时期。

第三阶段：全球化阶段（1994年TRIPS协定签署至今）

随着世界经济一体化的逐步形成，农林业科学技术以及生物技术的飞速发展，植物新品种保护在国际农林业竞争中已逐步取代农林产品竞争，成为国际经济竞争的新焦点。正是在这种情况下，以美国、欧盟为代表的发达国家在1994年关贸总协定乌拉圭回合谈判中，强力推动将知识产权保护纳入世界贸易体系，制定TRIPs协定对农林业领域内植物新品种的知识产权保护专门作出相应的规定。协定第27条第3项（b）规定：WTO成员应以专利或有效的专门制度（effective sui generis systems），或两种制度结合，给植物新品种提供有效保护。但TRIPs协定对有效的专门制度并没有给予确切的定义，也没有要求缔约方将UPOV公约作为有效的专门制度采用。但大多数工业国家认为UPOV所提供的模式是目前最好的专门制度，而且WTO本身也极力倾向于将UPOV所设计的制度作为TRIPs的所谓有效的专门制度，TRIPs协定的形成，标志着植物新品种保护进入全球化时代。在这一时期，发达国家强力推行的以TRIPs协定为核心、UPOV公约为主要内容的立法模式成为主导模式的同时，发展中国家强调保护耕作者权利的呼声也日渐高涨。发达国家与发展中国家在农林业植物新品种保护领域不同的利益诉求，使国际农林业植物新品种知识产权保护逐渐呈现多元发展的趋势。

参考文献

［1］吴汉东. 知识产权精要：制度创新与知识创新［M］. 北京：法律出版社，2017.

［2］吴汉东. 知识产权基本问题研究［M］. 北京：中国人民大学出版社，2009.

［3］吴汉东. 知识产权法［M］. 北京：法律出版社，2014.

［4］吴汉东. 无形财产权基本问题研究［M］. 北京：中国人民大学出版社，2013.

［5］郑成思. 知识产权论［M］. 北京：法律出版社，2001.

［6］刘春田. 知识产权法［M］. 北京：中国人民大学出版社，2015.

［7］张玉敏，张今，张平. 知识产权法［M］. 北京：中国人民大学出版社，2009.

［8］蒋志培. 中国知识产权司法保护 2007［M］. 北京：中国传媒大学出版社，2007.

［9］尹新天. 专利权的保护［M］. 北京：知识产权出版社，2005.

［10］刘银良. 生物技术的知识产权保护［M］. 北京：知识产权出版社，2009.

［11］王立平. 中国植物新品种保护制度实施效应及影响因素研究［M］. 北京：中国农业科学技术出版社，2010.

［12］孙炜琳. 植物新品种保护制度研究［M］. 北京：中国农业科学技术出版社，2014.

［13］潘家驹. 作物育种学总论［M］. 北京：中国农业出版社，1994.

［14］张劲柏，侯仰坤，龚先友. 种业知识产权保护研究［M］. 北京：中国农业科学技术出版社，2009.

［15］朱建国，邹萍. 亚洲部分国家植物新品种保护法律文献汇编［M］. 北京：法律出版社，2018.

［16］中国农业部植物新品种保护办公室. 植物新品种保护基础知识［M］. 北京：蓝天出版社，1999.

［17］何忠伟，隋文香. 农业知识产权教程［M］. 北京：知识产权出版社，2009.

［18］郑勇奇，张川红. 植物新品种保护与测试研究［M］. 北京：中国农业出版

社，2015.

[19] 刘平，陈超. 植物新品种保护通论 ［M］. 北京：中国农业出版社，2011.

[20] 农业部科技教育司，最高人民法院知识产权审判庭，农业部管理干部学院. 植物新品种保护案例评析 ［M］. 北京：法律出版社，2011.

[21] 丁关良. 涉农法学 ［M］. 杭州：浙江大学出版社，2011.

[22] 隋文香. 判例与理论——植物新品种侵权行为研究 ［M］. 北京：知识产权出版社，2011.

[23] 李菊丹. 国际植物新品种保护制度研究 ［M］. 杭州：浙江大学出版社，2011.

[24] 尹钢，梁丽芝. 行政组织学 ［M］. 北京：北京大学出版社，2005.

[25] 邓建志. WTO 框架下中国知识产权行政保护 ［M］. 北京：知识产权出版社，2009.

[26] 廖秀健，胡杨明. 植物新品种保护的法经济学分析与公共政策研究 ［M］. 北京：中国法制出版社，2013.

[27] 孟鸿志. 知识产权行政保护新态势研究 ［M］. 北京：知识产权出版社，2011.

[28] ［法］雅克·盖斯旦，吉勒·古博. 法国民法总论 ［M］. 陈鹏，张丽娟，石佳友，杨燕妮，谢汉琪，译. 北京：法律出版社，2004.

[29] 梁慧星. 法律漏洞及补充方法 ［J］. 民商法论丛，1994 (1)：23.

[30] 王利明. 美国惩罚性赔偿制度研究 ［J］. 比较法研究，2003 (5)：1.

[31] 张玉敏. 侵害知识产权民事责任归责原则研究 ［J］. 法学论坛，2003 (3)：20.

[32] 陈超. UPOV 公约下发展中国家农民权利保护的思考 ［J］. 农业科技管理，2009 (2)：1.

[33] 李剑. 植物新品种权的权利限制 ［J］. 电子知识产权，2008 (6)：41.

[34] 牟萍. 印度植物新品种保护对亚太地区其他发展中国家的示范效应 ［J］. 世界农业，2008 (6)：55.

[35] 侯仰坤，张劲柏，闫祥升，龚先友，王宇. 植物新品种权侵权类型和必要证据问题研究 ［J］. 中国种业，2008 (12)：26.

[36] 张翔. 基本权利在私法上效力的展开 ［J］. 中外法学，2003 (6)：80.

[37] 姜明安. 服务型政府与行政管理体制改革 ［J］. 行政法学研究，2008 (4)：71.

[38] 朱雪忠，黄静. 试论我国知识产权行政管理机构的一体化设置 ［J］. 科技与法律，2004 (3)：82.

197

［39］王志本. 从 UPOV1991 文本与 1978 文本比较看国际植物新品种保护的发展趋向
　　　［J］. 中国种业，2003（2）：1.

［40］廖秀健，谢丹. UPOV 91 文本与 78 文本的区别及其对我国的影响［J］. 湖南科
　　　技大学学报（社会科学版），2010（2）：76.

［41］祁民，胡峰. TRIPS 框架下的生物剽窃和生物多样性保护［J］. 求索，2007
　　　（10）：10.

［42］左安磊. UPOV 公约下中国植物新品种法律保护的发展［J］. 中国种业，2012
　　　（3）：11.

［43］李菊丹. 论 UPOV1991 对中国植物新品种保护的影响及对策［J］. 河北法学，
　　　2015（12）：107.

［44］单忠德. 植物新品种保护若干问题的思考［J］. 江西农业学报，2010
　　　（11）：203.

［45］黄平，郑勇奇. 国际植物新品种保护公约的变迁及日本和韩国经验借鉴［J］. 世
　　　界林业研究，2012（3）：64.